Nina Andres

Früchte im Glas

Fotos: Andreas Ketterer und Evelyn Layher

Der Duft von früher

In unserem Garten wuchs praktisch alles, was nur irgendwie fürs Einmachen geeignet war. Und das wurde genutzt: bis zur letzten Beere wurde alles geerntet und das meiste davon wurde „eingeweckt". Wie oft denke ich an die prall gefüllten und sorgfältig beschrifteten Gläser zurück, auf die meine Mutter so stolz war.

Ordentlich in Reih und Glied aufgereiht, warteten sie im Einmachkeller auf ihren Einsatz. Die Hilfe von uns Kindern bei der Einmacherei war nicht nur beim Pflücken und Ernten willkommen, wir durften auch einfachere Arbeiten beim Einmachen übernehmen. Wir durften Äpfel waschen, Birnen schälen und sogar Kirschen entsteinen. Wer die schönste Handschrift hatte, durfte die Etiketten schreiben und verzieren. Der Duft von Himbeergelee oder Erdbeermarmelade durchzog zu unserer Wonne das ganze Haus. Und welche Freude war es, die Gelierprobe auf dem Teller naschen zu dürfen …

Was in den wenigen Erntewochen eingemacht, angesetzt und konserviert wurde, konnte das ganze restliche Jahr über genascht und genossen werden. Aromatische Liköre und Obstler, köstliche Säfte und Limonaden, feine Gelees und Kompotte holten an kalten Wintertagen den Sommer ins Glas, aufs Brot und auf den Teller. Auch wenn es heutzutage im Supermarkt alles zu kaufen gibt, so sind selbst eingemachte Leckereien durch nichts zu übertreffen – für Sie und für Ihre Liebsten.

Beschenken Sie Ihre Freunde und Ihre Familien mit den Früchten Ihres Gartens, denn was gibt es persönlicheres als ein schön verziertes Gläschen Selbsteingemachtes, mit Freude geerntet, mit Begeisterung eingekocht und mit Liebe geschenkt.

Viel Freude und Erfolg beim Zubereiten und Genießen wünscht Ihnen

Ihre

Nina Andres

Sommergenuss fürs ganze Jahr

Den Sommer kulinarisch festhalten und genießen, wann immer es einem gefällt, das ermöglichen Früchte im Glas. Ob als Marmelade, Gelee, Kompott, Chutney oder Likör: Allein beim Anblick der farbenfrohen, verlockend duftenden Erdbeeren, Himbeeren, Johannisbeeren und angesichts der ganzen Vielfalt der hierzulande wachsenden Früchte läuft einem schon das Wasser im Mund zusammen.

Freude kommt auf, wenn das erste einheimische Obst angeboten wird. Und unweigerlich denken viele ans Einmachen. Was früher absolute Notwendigkeit war, um den Speiseplan in der kargen Winterzeit zu bereichern, macht man heute oft aus Liebe an der Tätigkeit und aus dem Bewusstsein, etwas von einem schönen Sommer und reicher Ernte bewahren zu können – zumindest für einige Zeit. Denn die selbst gemachten Köstlichkeiten sind begehrt. Ob sie den Frühstückstisch der Familie bereichern oder als Geschenk Freude machen, alle genießen die wohlschmeckenden Ergebnisse, die mit kleinem Aufwand zu erzielen sind.

Für Gartenbesitzer mit vielen Bäumen, Sträuchern und Beeten ist das Einmachen geradezu ein Muss. In wenigen Tagen wird mehr Obst und Gemüse reif, als sich essen oder zu Desserts verarbeiten lässt. Ein Teil davon kann sicherlich der Tiefkühltruhe anvertraut und bei Bedarf aufgetaut werden. Die „Früchte im Glas" aber können Sie in Schränken und Regalen aufbewahren und jederzeit ein Gläschen öffnen, wenn Sie die Lust auf Ihre eigenen Kreationen überkommt.

Marmelade, Konfitüre, Gelee – was ist was?

Marmeladen (das portugiesische Wort für Quitte »marmelo« ist der ursprüngliche Namensgeber) bestehen – so ist es in der EU-Verordnung definiert – ausschließlich aus Zitrusfrüchten, neben Zitronen gehören zum Beispiel Limonen, Orangen, Grapefruits, Pomelos und Clementinen dazu. Das Besondere an Marmelade: hier wird meist die Schale mitverarbeitet. Aus allen anderen Früchten werden Konfitüren.

Da uns der Begriff »Marmelade« seit Ewigkeiten vertraut ist, sollte er ruhig weiterverwendet werden – nach wie vor wird man am Frühstückstisch nach Marmelade fragen und nicht um Konfitüre bitten.

Gelee – klar, glatt und ohne Fruchtstückchen – besteht ausschließlich aus Fruchtsaft, Gewürzen, Zucker und natürlich Geliermittel.

Kompott wird meist aus ganzen Früchten zubereitet und vorzugsweise als Dessert, zu Quark- und Cremespeisen gereicht oder auch als besondere Beigabe zu Fleisch- und Wildgerichten.

So gelingt alles von Anfang an

Was immer Sie einmachen wollen, ob Konfitüre, Gelees oder Kompotte – Grundbedingung ist absolute Sauberkeit. Das gilt für die Früchte wie auch für Töpfe, Gläser, Deckel und alle Geräte, die zum Einsatz kommen.

Hilfsmittel

Für Marmeladen, Gelees und Kompotte braucht man eine genaue Küchenwaage, einen Mixer oder Pürierstab, einen großen Kochtopf (mindestens 6 bis 8 Liter Fassungsvermögen), einen sehr langstieligen Kochlöffel, einen Trichter mit weiter Öffnung und einen genauen Kurzzeitwecker.

Für die Saftgewinnung sind ein großes Nudelsieb, ein feines Mulltuch (zum Beispiel eine Baumwollwindel oder ein Safttuch), ein Messbecher oder ein Dampfentsafter Voraussetzung für den Erfolg.

Obst

Das Obst – ganz einwandfrei muss es sein, reif und ohne Druckstellen – muss grundsätzlich immer erst gewaschen werden, bevor es entstielt, entsteint oder zerkleinert wird. In den Rezepten wird angegeben, ob das Obst für die Produktion gewogen werden muss, bevor man es entsteint und/oder entstielt, oder danach. Vom Gewicht der Fruchtmasse hängt es nämlich ab, wie viel Zucker hinzugefügt werden sollte. Wenn dazu nichts gesagt wird, spielt das supergenaue Gewicht keine so große Rolle.

Gläser

Sie können alle im Haushalt vorhandenen nicht zu großen Gläser mit Twist-off-Deckel verwenden, die Sie im Lauf der Zeit gesammelt haben. Größere Öffnungen erleichtern das Einfüllen. In kleineren Gläsern geliert die Masse besser und ist außerdem länger haltbar.

Gläser und Deckel werden vor dem Gebrauch mit kochendem Wasser und etwas Spülmittel gereinigt, dann mit heißem Wasser ausgespült und zum Abtrocknen umgedreht auf ein sauberes Küchentuch gestellt. Dabei ist ein Topflappen aus Silikon hilfreich, mit dem man ungefährdet vor Verbrennungen die heiß gespülten Gläser anfassen kann.

Gläser, die einmal Schimmel enthalten haben, sollten Sie nicht mehr verwenden. Das Risiko eines schnellen Neubefalls ist zu groß, selbst dann, wenn Sie die Gläser mehr als gründlich spülen.

Stellen Sie die Gläser, bevor Sie sie heiß befüllen, am besten auf ein feuchtes Küchentuch, damit sie garantiert nicht zerspringen.

Kochgerät

Der Topf (ausreichend groß muss er natürlich sein) sollte immer nur halb gefüllt werden, weil dadurch das Überkochen verhindert wird.

Das Kochgut wird immer bei starker Hitze gekocht, es muss richtig sprudeln. Die Kochzeit richtet sich nach der Angabe auf der Zuckerpackung.

Zucker

Die Grundregel für Marmeladen & Co lautet traditionell: 1 Kilogramm Zucker oder Gelierzucker auf 1 Kilogramm Fruchtmasse. Inzwischen gibt es aber Einmachzucker, die ganz andere Frucht-Zucker-Verhältnisse erlauben. 3:1 beispielsweise bedeutet, dass dreimal mehr Frucht als Zucker benötigt wird. Die erforderliche Zucker- bzw. Gelierzuckermenge wird in jedem Rezept genau angegeben und kann aus den genannten Gründen variieren. Gelierzucker ermöglichen kurze Kochzeiten, wodurch das volle Fruchtaroma erhalten bleibt.

Gelieren und Gelierprobe

Die Früchte werden so lange gekocht, bis die Masse zu gelieren beginnt. Gelierzucker bzw. Gelierhilfe verkürzt die Kochzeit auf wenige Minuten. Das in dem Gelierzucker enthaltene Pektin, das auch im Obst enthalten ist, bewirkt das schnellere Gelieren.

Sicherheitshalber sollten Sie aber immer eine Gelierprobe machen: Streichen Sie auf einen gekühlten Teller einen dünnen Film des Einmachguts. Wird der rasch fest, stimmt alles, ansonsten muss die Masse erneut kurz aufgekocht, eventuell ein Päckchen Zitronensäure zugegeben und die Gelierprobe wiederholt werden.

Schaum

Nicht immer, aber oft bildet sich Schaum bei der Produktion, der immer abgeschöpft werden muss – er schmeckt übrigens auch nicht sonderlich gut.

Einmachgut einfüllen

Stellen Sie die Gläser auf ein feuchtwarmes Tuch, damit sie nicht springen, und füllen Sie sie zunächst nur mit zwei bis drei Esslöffeln und schwenken Sie den Inhalt etwas. Dann auffüllen, am besten mithilfe eines Trichters oder, noch besser, eines Einfüllrings und einem langstieligen großen Löffel. Die Ränder von eventuellem Überlauf säubern, die Gläser sofort verschließen, umgekehrt auf das feuchte Tuch stellen und auskühlen lassen. Wenn Fruchtstücke im Einmachgut enthalten sind, sollten Sie die Gläser ab und zu wenden, damit sich die Stückchen besser verteilen. Schütteln Sie die Gläser aber nicht zu oft, denn das kann den Gelierprozess verzögern oder sogar verhindern.

Einkochzeit

Sie beginnt erst dann, wenn das Kochgut richtig sprudelnd kocht, und richtet sich dann nach der Vorschrift auf der Zuckerpackung.

Etiketten

Und zuletzt werden die prall gefüllten Gläser mit hübschen Etiketten geschmückt, ob mit gekauften oder selbst gestalteten. Notieren Sie darauf das Produkt und das Datum, eventuell noch die Haltbarkeit und vielleicht noch den Ideengeber oder die Besonderheit des Rezepts (mit Anis, mit Alkohol etc.). Am besten werden die Etiketten nicht direkt auf die Gläser geklebt, sondern mit einem durchsichtigen, breiten Klebeband befestigt. Das lässt sich später leichter wieder ablösen.

Mengenangaben

Genaue Mengenangaben zu machen ist nur schwer möglich, denn Früchte geben je nach Reifegrad mehr oder weniger Flüssigkeit ab und eine etwas längere Kochzeit verringert durch den Wasserverlust die Masse. Stellen Sie deshalb sicherheitshalber mehr Gläser und Flaschen als genannt bereit, damit Sie für den Notfall gerüstet sind. Es macht ja nichts, wenn ein Glas einmal nur zur Hälfte befüllt werden kann – das wird dann einfach als Erstes »angebrochen«.

Alkohol, Kräuter und Gewürze

Geistiges und Kräuter werden immer erst ganz zuletzt hinzugefügt. Wenn Sie nur am Aroma interessiert sind und verhindern wollen, dass Gewürze wie Nelken, Zimtstangen oder Sternanis in Ihrem Produkt zurückbleiben, stecken Sie sie einfach in ein kleines Mullsäckchen, in dem Sie die Gewürze mitköcheln lassen. Das lässt sich dann vor dem Befüllen der Gläser leicht entfernen.

Schnelle Hilfen

Wenn die Marmelade oder die Konfitüre **zu dünn** geworden ist, rühren Sie einfach ein bis drei Teelöffel Apfelpektin oder ein Päckchen Zitronensäure in die Masse und lassen Sie sie erneut kurz und sprudelnd aufkochen. Der Grund für die zu flüssige Konsistenz kann bei sehr süßen Früchten fehlende Säure sein. Statt Pektin oder Zitronensäure können Sie die Masse auch mit drei bis vier Esslöffeln Zitronensaft vermengen. Kochen Sie dann alles noch einmal für etwa zwei bis drei Minuten.

Zu feste Produkte brauchen nur mit etwas Saft oder Wasser verrührt zu werden. Die geschmackliche Qualität leidet darunter nicht.

Wenn sich ein Glas **nicht öffnen** lässt, einfach umdrehen und auf den Boden klopfen. Oder klopfen Sie den Rand des Deckels leicht an die Arbeitsplatte. Man kann auch mit einem spitzen Gegenstand rundherum unter den Deckel das Glases fahren und ihn dabei etwas anheben.

Feine Konfitüren, Gelees und Kompotte

Rhabarberkonfitüre mit Ingwer

Klar, Kenner wissen das: Bei Rhabarber handelt es sich — botanisch korrekt — um ein Gemüse. Doch weil er landläufig als Obst betrachtet wird und eine Rhabarberkonfitüre nicht nur in diesem Buch, sondern auch in keinem Haushalt fehlen darf, gibt es das nachstehende Rezept für einen köstlichen Aufstrich, der so gewiss nicht gekauft werden kann.

Für 4 Gläser à 225 Milliliter
1 kg Rhabarber,
vorbereitet gewogen
1 Stück frischer Ingwer (ca. 3 cm)
1 unbehandelte Orange
2 Päckchen Vanillezucker
500 g Extra-Gelierzucker 2:1
Haltbarkeit: ca. 8 Monate

1 Vom Rhabarber Blattansätze und Stiele abschneiden. Die dünne Haut mit einem Messer abziehen. Die Stangen waschen und in etwa vier bis fünf Zentimeter lange Stücke schneiden, dabei eventuell noch bemerkbare Fäden entfernen. Den Ingwer schälen und sehr fein hacken (die Menge sollte etwa 1 Esslöffel ergeben). Die Orange waschen, die Schale abreiben.

2 Rhabarber, Ingwer, Orangenschale und -saft in einem Topf gründlich mischen und den Vanille- und Gelierzucker hinzugeben. Zum Kochen bringen und die Fruchtmasse mindestens 3 Minuten sprudelnd kochen, dabei ständig rühren.

3 Eventuellen Schaum abschöpfen, die Gelierprobe machen und die Rhabarberkonfitüre randvoll in die vorbereiteten Gläser füllen, verschließen und umgedreht auf ein feuchtes Tuch stellen. Hin und wieder umdrehen, damit sich die Früchte in den Gläsern gut verteilen.

Rhabarber wird ab Anfang April angeboten, seine Saison endet am 24. Juni, denn danach schmeckt er wegen des erhöhten Oxalsäuregehalts nicht mehr gut. Hauptgrund ist aber, dass er sich für die nächste Ernteperiode regenerieren soll. Die roten Sorten sind übrigens etwas milder als die grünen.

Erdbeerkonfitüre mit Limonensaft

Unglaublich, was die Erdbeere alles bietet. Ihr Gehalt an Vitamin C, Kalzium, Magnesium und Kalium ist enorm. Zudem heißt es, dass Erdbeeren vor Krebs schützen, Thrombosen vorbeugen, die Abwehrkräfte stärken, den Blutdruck senken, entwässern und — das stimmt ganz sicher — nicht dick machen. Und da sie außerdem köstlich sind, sollte man sie so oft wie möglich genießen.

Für 6 Gläser à 250 Milliliter
1 kg reife Erdbeeren,
vorbereitet gewogen
Saft von 2 Limonen
3 Päckchen Vanillezucker
500 g Gelierzucker extra 2:1
3 Zweige Zitronenmelisse
Haltbarkeit: ca. 8 Monate

1 Die Erdbeeren waschen, abtropfen lassen und die Stielansätze entfernen. Eine Hälfte der Früchte halbieren (große vierteln), die andere Hälfte pürieren. Die Limonen auspressen.

2 Die Erdbeeren mit dem Limonensaft, Vanille- und Gelierzucker gut verrühren und etwa 2 Stunden ziehen lassen, hin und wieder umrühren.

3 Die Blättchen der Zitronenmelisse grob hacken.

4 Die Fruchtmischung aufkochen und unter ständigem Rühren etwa 4 Minuten sprudelnd kochen. Die Melisseblättchen unterrühren. Gelierprobe machen und die Konfitüre sofort randvoll in die vorbereiteten Gläser füllen und verschließen. Umgedreht für etwa 1 Stunde auf ein feuchtes Tuch stellen, hin und wieder wenden, damit sich die Fruchtstücke gut verteilen.

Erdbeer-Mango-Konfitüre

Nehmen Sie nur 750 Gramm Erdbeeren und dazu 250 Gramm in Stücke geschnittene reife Mango. Fügen Sie zuletzt 1 Esslöffel leicht zerstoßenen rosa Pfeffer (der auch Weihnachtsbeere genannt wird und kein echter Pfeffer ist) in die Fruchtmasse — eine ungewöhnliche und außerordentlich gut schmeckende Version.

Johannisbeer-Himbeer-Konfitüre

In manchen Gegenden gilt die Johannisbeere als Symbol für Gesundheit und langes Leben. Mag sein, dass ihr hoher Vitamin-C-Gehalt ein Grund dafür ist.

Für 4 Gläser à 225 Milliliter

500 g Himbeeren,
vorbereitet gewogen
250 g rote Johannisbeeren,
vorbereitet gewogen
250 g schwarze Johannisbeeren,
vorbereitet gewogen
1 Päckchen Gelierpulver 2:1
500 g Rohrzucker
1 Stange Zimt
6 Sternanis

Haltbarkeit: ca. 6 bis 8 Monate

1 Die Himbeeren verlesen, locker abbrausen und trocken schütteln. Die Johannisbeeren verlesen, waschen und von den Rispen streifen.

2 Alle Früchte mit dem Gelierpulver verrühren, aufkochen, Zucker, Zimtstange und Sternanis hinzufügen, verrühren und etwa 3 Minuten sprudelnd kochen. Von der Herdplatte nehmen und etwa 5 Minuten weiterrühren.

3 Eine Gelierprobe machen. Zimtstange und Sternanis entfernen und das Fruchtmus sofort heiß in die vorbereiteten Gläser füllen. Die Gläser verschließen und umgedreht auf ein feuchtes Tuch stellen. Hin und wieder umdrehen, damit sich die Früchte in den Gläsern gut verteilen.

»... ich denke gern an Johannisbeeren. Der Geruch und der Geschmack
von Johannisbeeren sind mir mit einer hübschen
Jugenderinnerung verbunden ...«

Eduard Graf von Keyserling (1855–1918), aus:
»Am Südhang«

Johannisbeer-
Himbeer-
Konfitüre

Roh gerührte Himbeerkonfitüre

Ich bedaure es heute sehr, dass wir als Kinder immer murrten, wenn wir zum Himbeerenpflücken in den Garten geschickt wurden. Dass das Ergebnis unserer Mühen sich dann in köstlichen Gelees und Marmeladen manifestierte, konnte uns nicht motivieren. Auch nicht, dass unsere Mutter nie müde wurde, auf den gesundheitlichen Wert dieser Beeren hinzuweisen.

Für 4 Gläser à 225 Milliliter
2 Zweige Zitronenmelisse
1 Vanilleschote
500 g reife Himbeeren,
vorbereitet gewogen
4 cl (40 ml) Himbeergeist
500 g Gelierzucker 1:1
Haltbarkeit: ca. 2 Wochen

1   Die Blättchen der Zitronenmelisse waschen, trocken schütteln und grob hacken. Die Vanilleschote aufschlitzen und das Mark herauskratzen.

2   Die Himbeeren verlesen, leicht abbrausen und in einer Schüssel mit den Melisseblättchen, der Vanillestange, dem Vanillemark, dem Himbeergeist und dem Gelierzucker so lange verrühren, bis er sich aufgelöst und sich auf der Oberfläche Schaum gebildet hat.

3   Den Schaum abschöpfen, die Konfitüre sofort in die vorbereiteten Gläser füllen und verschließen. Kühl aufbewahren.

Der Himbeergeist in dieser Konfitüre sorgt neben dem tollen Geschmack auch für eine etwas längere Haltbarkeit.

Himbeer-
konfitüre

roh gerührt

Aprikosenkonfitüre mit Apricot-Brandy

Trotz seines irreführenden Namens gehört dieser Brandy mit der goldbraunen Farbe zu den Likören. Üblicherweise darf die Bezeichnung »Brandy« nur für Weindestillate benutzt werden. Wegen der Zutaten und des hohen Alkoholgehalts darf sich dieses Getränk aus Aprikosen, Orangen und Kirschen aber Brandy nennen.

Für 6 Gläser à 250 Milliliter

1 kg reife, süße Aprikosen,
vorbereitet gewogen
Saft von 1 Zitrone
5–6 Gewürznelken
500 g Gelierzucker 2 plus 1
100 ml Apricot-Brandy
Haltbarkeit: ca. 1 Jahr

1 Die Aprikosen waschen, halbieren, dabei die Kerne entfernen. Die Hälfte der Früchte grob zerkleinern, die andere pürieren. Mit Zitronensaft, Gewürznelken und Gelierzucker mischen und 4 bis 5 Stunden stehen lassen.

2 Die Fruchtmasse in einen ausreichend großen Topf bis zur Hälfte füllen, zum Kochen bringen. Wenn die Masse sprudelt, 4 Minuten kräftig kochen lassen, dabei ständig rühren. Zuletzt den Brandy unterrühren. Gelierprobe machen.

3 Die Masse randvoll in die vorbereiteten Gläser füllen, sofort verschließen und umgedreht auf ein feuchtes Tuch stellen. Hin und wieder wenden, damit sich die Fruchtstücke gut verteilen.

Reife Aprikosen müssen sofort verarbeitet werden, da sie längere Lagerung nicht vertragen. Richtig gut und köstlich schmecken die vollreif vom Baum geernteten Früchte, die es bei uns im August aus deutschen Anbaugebieten zu kaufen gibt. Bei diesen sollten Sie unbedingt zugreifen.

Pfirsichkonfitüre mit Whisky

Plüschprumme – schade, dass Dialekte mehr und mehr verloren gehen. Gibt es ein hübscheres Wort für den Pfirsich als »Plüschprumme«? Alten Rheinländern ist es wohl noch vertraut. Zusammengesetzt wurde es aus dem französischen »prune« für Pflaumen und »Plüsch« wegen der samtigen Oberfläche.

Für 6 Gläser à 250 Milliliter
500 g Pfirsiche,
vorbereitet gewogen
500 g Nektarinen,
vorbereitet gewogen
500 g Zucker
1 Beutel Gelierpulver extra 2:1
3 EL Whisky
Haltbarkeit: ca. 1 Jahr

1 Die Pfirsiche waschen, abtropfen lassen, halbieren und entsteinen. Die Früchte in Stückchen schneiden.

2 Den Zucker mit dem Gelierpulver vermengen. Die Früchte in einen großen Topf geben, Zucker hinzufügen und gut verrühren. Die Masse unter Rühren zum Kochen bringen und mindestens 3 Minuten lang sprudelnd kochen lassen.

3 Eventuellen Schaum abschöpfen. Den Whisky unterrühren, Gelierprobe machen und die Konfitüre sofort randvoll in die vorbereiteten Gläser füllen. Umgedreht auf ein feuchtes Tuch stellen, 5 Minuten ruhen lassen.

Kullerpfirsich

Den kennt und trinkt heute wohl kaum noch jemand. Als Jugendliche konnten wir an warmen Sommerabenden nicht genug davon bekommen. Schöne Pfirsiche wurden ringsherum mit einer Gabel »gelöchert«, kamen in ausreichend große Gläser und wurden mit Sekt (damals kannte man Prosecco noch nicht) übergossen. Und dann kullerten sie in dem Glas herum. Zuletzt aß man genüsslich den mit Sekt vollgesogenen Pfirsich. Zu viele davon führten manchmal zu unerfreulichen Katerbeschwerden am nächsten Morgen . . .

Pfirsich-
konfituere
mit Whisky

Nektarinenkonfitüre mit Limoncello

Verwenden Sie für diese Konfitüre möglichst spät reifende Nektarinen (August/September), die schmecken einfach viel intensiver. Die weichen Früchte sind sehr druckempfindlich und müssen vorsichtig transportiert werden. Es handelt sich bei ihnen übrigens um eine Mutation des Pfirsichs, keineswegs um eine Züchtung aus Pflaume und Pfirsich, wie oft behauptet wird. Weil sie weniger wasserhaltig sind, enthalten sie mehr Zucker als ihre pelzigen Verwandten.

Geben Sie vor dem Kochen noch etwa 2 gehäufte Esslöffel getrockneter Cranberrys in das Fruchtmus. Mit einem Schuss Rosenwasser können Sie die Konfitüre orientalisch parfümieren. Etwa 100 Milliliter Amaretto, zuletzt untergerührt, geben der Konfitüre einen wunderbaren Mandelgeschmack.

Für 5 Gläser à 250 Milliliter
1 kg Nektarinen,
vorbereitet gewogen
1 Vanilleschote
1 Stück frischer Ingwer (ca. 5 cm)
350 g brauner Zucker
1 Beutel Gelierpulver 3:1
4–6 EL Limoncello
(italienischer Zitronenlikör)
Haltbarkeit: 8 bis 10 Monate

1 Die Nektarinen waschen, abtropfen lassen, halbieren, entsteinen. Eine Hälfte der Früchte in Stückchen schneiden, den Rest pürieren (wer es sehr stückig mag, zerkleinert die gesamte Menge).

2 Die Vanilleschote halbieren, aufschlitzen und das Mark herauskratzen, den Ingwer schälen und ganz fein hacken oder durch die Knoblauchpresse drücken.

3 In einem großen Topf die Früchte mit Vanillemark und -schoten sowie dem Ingwer mischen.

4 Den Zucker mit dem Gelierpulver mischen, mit der Fruchtmasse gut verrühren und aufkochen. Ab Kochbeginn – unter ständigem Rühren – weitere 3 Minuten sprudelnd kochen lassen.

Pflaumen-Walnuss-Mus

Für dieses Mus können auch Zwetschgen verwendet werden, doch die bekannte Bezeichnung für diesen Brotaufstrich ist nun einmal »Pflaumenmus«. Die Zwetschge ist übrigens eine Unterart der Pflaume. Sie unterscheidet sich von letzter durch ihre ovale Form und die ausgeprägte »Naht«. Pflaumen sind meist größer und runder.

Für 6 Gläser à 500 Milliliter

2,5 kg reife, süße Pflaumen
oder Zwetschgen
1 Beutel Gelierpulver (25 g)
500 g Rohrzucker
2 Zitronen
500 g Walnüsse
2 Zimtstangen
3 EL Rum
Haltbarkeit: ca. 1 Jahr

1 Die Pflaumen verlesen, waschen, abtropfen lassen, entsteinen und halbieren. Mit dem Zucker bestreuen und über Nacht ziehen lassen.

2 Die Zitronen auspressen und die Walnüsse grob hacken. Die Zimtstangen durchbrechen.

3 Den Saft von den Pflaumen abgießen (aber aufbewahren, schmeckt gut mit Mineralwasser). Die Früchte mit dem Zitronensaft verrühren, die Walnüsse und die Zimtstangen hinzufügen und die Masse in einen großen Bräter oder auf ein Backblech mit hohem Rand füllen. Sie sollte den Boden ganz bedecken und nicht überlaufen können.

4 Den Backofen auf 200 °C vorheizen. Das Gefäß mit den Pflaumen auf die zweite Schiene von unten des Backofens schieben. Wenn die Masse zu kochen beginnt, die Temperatur auf 160 °C reduzieren und 3 bis 4 Stunden offen »schmoren« lassen (einen Holzlöffel in die Backofentür klemmen). Wenn sich mit einem Löffel eine Linie durch die Pflaumenmasse ziehen lässt, ist das Mus fertig.

5 Zuletzt die Zimtstangen entfernen, den Rum unterrühren und das Pflaumenmus heiß und randvoll in die vorbereiteten Gläser füllen. Umgedreht auf ein feuchtes Tuch stellen und erkalten lassen.

Gewürzvarianten

Geben Sie 5 bis 6 Sternanisfrüchte, einige ganze Gewürznelken oder 1 Teelöffel gemahlene Nelken in das Mus. Statt Rum können Sie auch etwa 250 Milliliter Madeira hinzugeben.

Birnenkonfitüre mit Blue Curaçao

Der Name »Curaçao« des allseits bekannten Getränks »Blue Curaçao« ist nicht geschützt, weshalb viele Orangenliköre so genannt werden können. Ursprünglich stammt der Curaçao von der namengebenden karibischen Insel. Dort verwilderte Orangenbäume entwickelten eine eigene bittere Pomeranzenart. Man fand heraus, dass die getrockneten Schalen dieser Bitterorange besondere ätherische Öle enthalten, die zur Produktion von Spirituosen geradezu einluden. Bei Blue Curaçao handelt es sich um einen blau eingefärbten Orangenlikör, der vor allem für das Mixen von Cocktails verwendet wird.

Für 4 Gläser à 200 Milliliter
1 Zitrone
900 g reife Birnen, vorbereitet gewogen
1 Packung (500 g) Gelierzucker 2:1
6 Gewürznelken
2 Zweige Zitronenmelisse
50 ml Blue Curaçao
100 ml Orangensaft
Haltbarkeit: ca. 1 Jahr

1 Die Zitrone auspressen. Die Birnen waschen, schälen, entkernen, in kleine Stücke schneiden und in einer Schüssel mit Zitronensaft, Gelierzucker und Gewürznelken vermengen, etwa 2 Stunden stehen lassen, damit sich alles gut vermischt.

2 Dann die Blätter der Melisse grob hacken. In einem großen Topf die Birnenmasse, wie auf der Zuckerpackung beschrieben, sprudelnd kochen lassen. Curaçao, Orangensaft und Melisseblättchen hineinrühren. Gelierprobe machen. Dann sofort randvoll in die vorbereiteten Gläser füllen und verschließen.

3 Die Gläser umgekehrt auf ein feuchtes Tuch stellen, mehrmals wenden, damit sich die Fruchtstückchen gut verteilen.

Birnenkonfitüre mit Schokolade

Die Birnenkonfitüre wie beschrieben zubereiten, dann 50 Gramm Zartbitterschokolade in Stückchen brechen und in der heißen Masse auflösen. Alles pürieren, nochmals kurz aufkochen lassen und in die Gläser füllen.

Johannisbeer-Brombeer-Gelee mit Cassis

Der Cassis-Likör mit dem intensiven Fruchtaroma wird aus vollreifen schwarzen Johannisbeeren gewonnen. Passt also gut in dieses feine Gelee.

Für 4 Gläser à 225 Milliliter

500 ml roter Johannisbeersaft

250 ml Brombeersaft

1 TL Zitronensäure

80 ml Cassis

500 g Gelierzucker 2:1

Haltbarkeit: ca. 1 Jahr

1 Die Säfte mit Zitronensäure und Gelierzucker in einem Topf gut verrühren. Bei starker Hitze sprudelnd aufkochen und unter ständigem Rühren mindestens 3 bis 4 Minuten weiterkochen.

2 Eventuellen Schaum abschöpfen, die Gelierprobe machen. Den Cassis unterrühren.

3 Das Gelee heiß und randvoll in die vorbereiteten Gläser füllen. Umgedreht auf ein feuchtes Tuch stellen und auskühlen lassen.

Asiatische Variante

Statt Cassis können Sie auch einmal Zitronengras verwenden. Es schmeckt frisch, fruchtig und natürlich nach Zitrone. 3 Stangen frisches Zitronengras waschen, die harten Außenblätter und Stiele entfernen. Das Innere zunächst etwas weich klopfen, dann in ganz feine Ringe schneiden, hacken und mit dem Zucker in den Saft rühren.

Johannisbeer-Rotwein-Gelee

Wenn es schnell gehen soll, bereiten Sie dieses Gelee mit gekauftem Johannisbeersaft zu. Ein Löffel dieses Gelees macht eine Bratensauce zu einem kulinarischen Erlebnis.

Für 5 Gläser à 250 Milliliter
1 unbehandelte Zitrone
1 kg rote Johannisbeeren
500 g schwarze Johannisbeeren
1 Stange Zimt
5 Gewürznelken
150 ml Rotwein
500 g Gelierzucker 2:1
Haltbarkeit: ca. 6 Monate

1 Die Zitrone waschen abtrocknen und die Schale abreiben, Saft auspressen. Die Johannisbeeren verlesen, abbrausen und von den Rispen zupfen.

2 Die Beeren mit 500 Milliliter Wasser, dem Zitronensaft und der Zitronenschale, der Zimtstange und den Gewürznelken etwa 20 Minuten kochen, bis die Beeren aufplatzen.

3 Ein Sieb mit einem feinen Tuch auslegen (zum Beispiel einem Mull- oder Safttuch) und in eine große Schüssel stellen. Die Beerenmasse in das Tuch schütten und abtropfen lassen. Wenn sie abgekühlt ist, mithilfe des Tuchs fest ausdrücken. 750 Milliliter Saft abmessen.

4 Den Johannisbeersaft mit dem Rotwein in einen großen Topf geben, mit dem Gelierzucker verrühren, aufkochen und unter ständigem Rühren 4 Minuten sprudelnd kochen lassen. Schaum abschöpfen und die Gelierprobe machen.

5 Sofort heiß und randvoll in die vorbereiteten Gläser füllen, verschließen und für 5 Minuten umgedreht auf ein feuchtes Tuch stellen. Auskühlen lassen.

Wenn Sie das Gelee mit etwas Saft oder Wasser glatt rühren, haben Sie eine feine Fruchtsauce für Pudding, Grieß, Milchreis und Eis. Auch auf Pfannkuchen schmeckt sie lecker.

Pfirsich-Weißwein-Gelee

Dieses mediterran inspirierte Gelee wird mit Lavendel aromatisiert. Dosieren Sie es zunächst sehr vorsichtig, damit das Gelee nicht parfümiert schmeckt. Dass Lavendel enthalten ist, sollte man mehr erahnen als intensiv rausschmecken.

Für 4 Gläser à 250 Milliliter
700 ml Pfirsichsaft
200 ml trockener Weißwein
(Riesling oder Silvaner)
1 TL getrockneter Lavendel
350 g Zucker
1 Beutel Gelierpulver 3:1
Haltbarkeit: ca. 1 Jahr

1 Den Pfirsichsaft mit Weißwein, Lavendel, Zucker und Gelierpulver in einem großen Topf gut verrühren und etwa eine halbe Stunde ziehen lassen.

2 Den Saft bei starker Hitze zum Kochen bringen und unter ständigem Rühren mindestens 3 bis 4 Minuten sprudelnd kochen lassen.

3 Eventuellen Schaum abschöpfen, die Gelierprobe machen und das Gelee sofort in die vorbereiteten Gläser füllen. Umgedreht für 5 Minuten auf ein feuchtes Tuch stellen.

Der Weißwein gibt diesem Pfirsichgelee die besondere Note. Wer es gerne süßer mag, kann auch lieblicheren Wein mit einem höheren Restzuckergehalt (zum Beispiel eine Spätlese) nehmen. Pfirsichgelee schmeckt auch mit Roséwein sehr gut.

Weintraubengelee mit Weißwein

Welchen Wein Sie für dieses Gelee verwenden, spielt keine so große Rolle.
Wenn Sie es etwas süßer mögen, nehmen Sie einen lieblichen Wein.

Für 4 Gläser à 250 Milliliter
2 Zitronen
600 ml weißer oder
roter Traubensaft
300 ml Weißwein
1 Päckchen Vanillezucker
350 g Zucker
1 Päckchen Gelierpulver 3:1
Haltbarkeit: ca. 6 Monate

1 Die Zitronen waschen, abtrocknen, die Schale abreiben, den Saft auspressen.

2 Den Traubensaft mit Weißwein, Zucker, Gelierpulver sowie Zitronenschale und -saft in einen großen Topf geben und bei starker Hitze aufkochen lassen. Unter ständigem Rühren mindestens 3 bis 4 Minuten sprudelnd kochen lassen. Die Gelierprobe machen.

3 Das Gelee heiß randvoll in die vorbereiteten Gläser füllen, verschließen und umgedreht für 5 Minuten auf ein feuchtes Tuch stellen.

Traubensaft mit Wein

Natürlich können Sie den Saft für dieses feine Gelee auch selbst produzieren. Dafür brauchen Sie etwa 1,2 Kilogramm kernlose weiße Weintrauben, die, gründlich gewaschen und verlesen, mit 300 Milliliter Weißwein und der abgeriebenen Schale von 1 unbehandelten Zitrone aufgekocht und grob püriert werden. Die Masse wird dann über einer Schüssel in ein feines Mull- oder Safttuch geschüttet, damit der Saft abtropfen kann. Zuletzt gut ausdrücken. Die erforderliche Saftmenge abmessen und das Gelee wie oben beschrieben herstellen.

Apfelgelee mit Minze

Aus der englischen Küche ist Apfel-Minz-Gelee nicht wegzudenken und wird dort gerne mit Lammbraten serviert. Uns schmeckt es auch sehr gut zu Schweinebraten oder Aufschnitt. Oder bestreichen Sie den Boden von Apfelkuchen damit. Einfach mal ausprobieren.

Für 5 Gläser à 225 Milliliter
1 Zitrone
3 Zweige Minze
900 ml naturtrüber Apfelsaft
1 Zimtstange
6 Gewürznelken
500 g Gelierzucker 2:1
Haltbarkeit: ca. 1 Jahr

1 Die Zitrone auspressen. Die Minzeblättchen waschen, trocken tupfen und grob zerkleinern.

2 Den Apfelsaft mit Zitronensaft, Zimt, Gewürznelken und Gelierzucker in einem großen Topf bei starker Hitze unter Rühren zum Kochen bringen. Mindestens 3 Minuten unter ständigem Rühren weiterhin sprudelnd kochen lassen. Eventuellen Schaum abschöpfen und die Gelierprobe machen.

3 Die Zimtstange entfernen, die Minzeblättchen unterrühren. Die heiße Masse randvoll in die vorbereiteten Gläser gießen, verschließen und 5 Minuten umgekehrt auf ein feuchtes Tuch stellen.

Apfelsaft selbst zu machen ist einfach: 1,5 Kilogramm säuerliche Äpfel mit Schale und Kerngehäuse vierteln, mit 750 ml Wasser zugedeckt zum Kochen bringen, dann bei schwacher Hitze 15 Minuten weich kochen, dabei nicht umrühren. Ein großes Sieb mit einem Tuch auslegen, auf einen Topf stellen, die Äpfel hineingeben und den Saft abtropfen lassen. Nicht auspressen, sonst wird das Gelee trüb.

Quittengelee mit Ingwer

Die Quitte, Frucht der Liebesgöttin Aphrodite, gilt als Symbol für Zuneigung, Zufriedenheit, Klugheit, Schönheit und Kontinuität. Gründe genug, um sie für passende Gelegenheiten als kleines Geschenk haltbar zu machen. Der raue Pelz der Früchte, der viele Bitterstoffe enthält, muss gründlich abgerieben werden, am besten mit einem groben Tuch.

Für 4 Gläser à 250 Milliliter
2 kg reife Quitten
1 Stück frischer Ingwer (ca. 5 cm)
500 g Gelierzucker 2:1
1 Päckchen Zitronensäure
Haltbarkeit: ca. 1 Jahr

1 Die Quitten gut abreiben, Stiel und Blütenansätze entfernen. Die Früchte halbieren, vierteln und grob würfeln. In einem ausreichend großen Topf mit ¾ Liter Wasser vermengen und in einer knappen Stunde garen.

2 Den Ingwer schälen und fein hacken.

3 Ein Sieb mit einem feinen Tuch auslegen (zum Beispiel einer Baumwollwindel) und über eine große Schüssel stellen. Die Quittenmasse in das Tuch schütten und abtropfen lassen. Wenn sie abgekühlt ist, mithilfe des Tuchs ganz fest ausdrücken. 900 Milliliter Saft abmessen.

4 In einem großen Topf Quittensaft, Gelierzucker, Zitronensäure und Ingwer verrühren und aufkochen. Wenn die Masse sprudelnd kocht, unter ständigem Rühren mindestens 3 bis 4 Minuten weiter stark kochen lassen.

5 Eventuellen Schaum abschöpfen und eine Gelierprobe machen. Das Quittengelee in die vorbereiteten Gläser füllen, sofort verschließen und umgedreht für 5 Minuten auf ein Tuch stellen, abkühlen lassen.

Variante
Statt mit Ingwer können Sie den Geschmack des Quittengelees auch mit grob gehackten Blättchen Zitronenmelisse variieren. Die Blättchen werden dann erst ganz zuletzt in die Flüssigkeit gerührt.

Rhabarberkompott

Dieses Kompott schmeckt köstlich zu Grießpudding, Waffeln, Cremes, Eis, Quark und Jogurt — und ganz besonders gut mit halbfest geschlagener Zimtsahne.

Für 4 Gläser à 250 ml
1 unbehandelte Orange
1 kg Rhabarber
400 g Zucker
1 Päckchen Gelierpulver 3:1
3 EL Holunderblütensirup
Haltbarkeit: ca. 8 Monate

1 Die Orange waschen, abtrocknen, die Schale abreiben und den Saft auspressen. Den Rhabarber waschen, eventuell schälen (bei sehr jungem Rhabarber ist das nicht erforderlich) und in fünf Zentimeter lange Stücke schneiden.

2 Das Obst mit Zucker, Gelierpulver, Orangenschale und -saft und dem Holunderblütensirup in einem ausreichend großen Topf vermengen, aufkochen und unter ständigem Rühren 3 bis 4 Minuten sprudelnd kochen lassen (der Rhabarber soll aber keinesfalls zerfallen).

3 Dann sofort randvoll in die vorbereiteten Gläser füllen, verschließen und umgedreht auf ein feuchtes Küchentuch stellen. Auskühlen lassen.

Die Chinesen schätzten den Rhabarber schon vor 3.000 Jahren als Heilpflanze. Wie die Stachelbeere stammt auch der Rhabarber aus der Himalajaregion. Rhabarber enthält viel Vitamin C und wertvolle Mineralstoffe wie Kalium, Magnesium und Natrium und gibt dem Körper einen Frühjahrs"kick".

Kirsch-Johannisbeer-Kompott

Dem römischen Feldherrn Lucius Lucullus verdanken wir nicht nur, dass etwas sehr gut Schmeckendes ein »lukullischer Genuss« ist, sondern vor allem die Süßkirsche. Er entdeckte sie bereits 62 v. Chr. im damaligen Persien und sorgte dafür, dass Kirschbäume nach Rom gebracht und angepflanzt wurden.

Für 4 Gläser à 500 Milliliter
1 kg Knorpelkirschen
250 g schwarze Johannisbeeren
2 unbehandelte Zitronen
3 Stangen Zimt
4 Gewürznelken
200 g Gelierzucker 3:1
Haltbarkeit: ca. 1 Jahr

1 Die Kirschen waschen, die Stiele entfernen, abtropfen lassen. Die Früchte entsteinen, den Saft dabei auffangen. Die Johannisbeeren waschen, abtropfen lassen und von den Rispen streifen. Die Zitronen waschen, abtrocknen, die Schale abreiben und den Saft auspressen.

2 Kirschen und Kirschsaft mit den Johannisbeeren in einem Topf mit Zitronenschale und -saft, Zimtstangen, Gewürznelken und Gelierzucker vermengen und etwa 5 Minuten bei schwacher Hitze kochen lassen.

3 Den Backofen auf 80 °C bis 100 °C vorheizen. Eine Fettpfanne drei Zentimeter hoch mit Wasser füllen.

4 Die Zimtstangen entfernen. Das Kirsch-Johannisbeer-Kompott bis zwei Zentimeter unter den Rand (beim Einkochen dehnt sich die Masse aus) in die vorbereiteten Gläser füllen und verschließen. Im Backofen etwa 40 Minuten einkochen. Im Backofen auskühlen lassen.

Sie können getrost Wasser trinken, wenn Sie Kirschen gegessen haben. Der Kinderreim — Kirschen gegessen, Wasser getrunken, Bauchweh bekommen — hatte eher etwas mit der Reinheit des Wassers zu tun als mit der Kombination Kirschen und Wasser.

Stachelbeerkompott

Ob Mauchale oder Mungatzen (Österreich), Chruselbeeri (Schweiz) oder Stachelbeere genannt wie hierzulande — sie wird schon seit dem 16. Jahrhundert als Beerenobst angebaut. Durch die raue, pelzige Schale ist sie vom Strauch gepflückt nicht jedermanns Sache. Zu feinen Kompotten oder Kuchen verarbeitet schmeckt sie auf jeden Fall großartig.

Für 8 Gläser à 250 Milliliter

1 kg Stachelbeeren

1 unbehandelte Zitrone

1 TL Aniskörner

500 ml Weißwein
(oder weißen Traubensaft)

500–600 g Einmachzucker,
je nach Reifegrade der
Stachelbeeren

500 ml Wasser

100 g gehackte Walnüsse

Haltbarkeit: ca. 1 Jahr

1 Die Stachelbeeren waschen, abtropfen lassen, Stiele und Blüten abknipsen. Die Zitrone waschen, abtrocknen, Schale abreiben.

2 Die Stachelbeeren mit Zitronenschale und Weißwein mischen und über Nacht durchziehen lassen.

3 Am nächsten Tag die Aniskörner etwas zerstoßen. Die Stachelbeeren abtropfen lassen, den Saft auffangen. Das Wasser mit Anis und dem Zucker verrühren und kochen, bis sich der Zucker aufgelöst hat. Den aufgefangenen Stachelbeersaft zum Zuckerwasser gießen und erneut aufkochen.

4 Den Backofen auf 80 °C bis 100 °C vorheizen. Eine Fettpfanne drei Zentimeter hoch mit Wasser füllen.

5 Die Stachelbeeren mit den Walnüssen in die vorbereiteten Gläser schichten, mit dem Saft-Zucker-Sud so begießen, dass sie ganz davon bedeckt sind, zwei Zentimeter Rand müssen frei bleiben, weil sich die Masse beim Erwärmen ausdehnt. Verschließen und in die Fettpfanne stellen. Im Backofen etwa 40 Minuten einkochen. Im Backofen auskühlen lassen.

»... Aber viele Stachelbeeren waren da ... Bei denen lagen wir gern. Wenn die Sonne auf Stachelbeerbüsche scheint, das riecht nach warmer Wolle, nicht wahr?«

Eduard Graf von Keyserling (1855–1918), aus:
»Seine Liebeserfahrungen«

Apfelkompott englische Art

Die grüne Minze eroberte bereits im 17. Jahrhundert die englische Küche, und ist aus ihr gar nicht mehr wegzudenken. Bei uns wird sie immer dann eingesetzt, wenn ein außergewöhnliches und frisches Geschmackserlebnis erzielt werden soll.

Für 4 Einmachgläser
à 250 Milliliter
1 unbehandelte Zitrone
800 g säuerliche Äpfel
(Braeburn oder Cox Orange)
40 g kandierter Ingwer
3 Zweige Minze
250 ml Apfelsaft
375 g brauner Zucker
1 EL Honig
50 g Rosinen
Haltbarkeit: ca. 1 Jahr

1 Die Zitrone waschen, abtrocknen, die Schale abreiben und den Saft auspressen. Die Äpfel schälen, vierteln und die Kerngehäuse entfernen. Die Viertel klein schneiden. Den Ingwer fein hacken. Die Minzezweige waschen, trocken schütteln, lange Stiele abschneiden.

2 Die Äpfel mit Zitronenschale, Ingwer, Apfelsaft, Zucker, Honig und Minzezweigen in einen Topf geben und aufkochen lassen. Bei schwacher Hitze knapp 10 Minuten dünsten, bis die Äpfel weich sind, aber nicht zerfallen.

3 Den Backofen auf 80 °C bis 100 °C vorheizen. Eine Fettpfanne etwa drei Zentimeter hoch mit Wasser füllen.

4 Die Minzzweige aus dem Apfelkompott fischen, das Kompott mit Zitronensaft und Rosinen vermengen. Sofort bis zwei Zentimeter unter den Rand (beim Einkochen dehnt sich die Masse aus) in die vorbereiteten Einmachgläser füllen, verschließen, in die Fettpfanne stellen und im Backofen (mittlere Schiene) etwa 1 Stunde einkochen. Im Backofen auskühlen lassen.

Mit anderen Kräutern verträgt sich die Minze nicht sehr gut. Spearmint, Krause Minze oder Grüne Minze (Mentha spicata) schmeckt leicht süßlich, die Pfefferminze (Mentha piperita) dagegen intensiv nach Menthol.

Rotwein-Zwetschgen-Kompott

Dieses Rezept stammt von einer amerikanischen Freundin — es hat mich so überzeugt, dass ich sie gebeten habe, es mir für dieses Buch zu »spendieren«. Sie hat die Zwetschgen zu Vanilleeis serviert, was wunderbar gemundet hat. Aber auch zu gegrilltem oder gebratenem Rindfleisch und Wild passen sie sehr gut.

Für 3 Einmachgläser à 1 Liter
2,5 kg reife Zwetschgen
1 Zimtstange
500 ml Rotwein, z. B. Barolo
250 g Vollrohrzucker
6 Sternanis
9 cl (90 ml) Zwetschgengeist
Haltbarkeit: ca. 1 Jahr

1 Die Zwetschgen gut waschen, abtropfen lassen, an der »Nahtstelle« aufschneiden und die Kerne entfernen. Die Zimtstange dritteln.

2 Den Rotwein in einem Topf mit einem 500 Milliliter Wasser und dem Zucker vermengen und erhitzen. Rühren, bis sich der Zucker vollkommen aufgelöst hat.

3 Die Zwetschgen in die vorbereiteten Gläser schichten, je 2 Sternanis und ein Stück Zimtstange hinzufügen. Die Weinmischung und je 3 Zentiliter Zwetschgengeist über die Früchte gießen. Die Gläser dürfen aber nicht ganz bis zum Rand gefüllt werden, beim Sterilisieren dehnt sich die Masse etwas aus.

4 Den Backofen auf 80 °C bis 100 °C vorheizen. Eine Fettpfanne etwa drei Zentimeter hoch mit Wasser füllen.

5 Die Gläser verschließen und im Backofen etwa 1 Stunde einkochen. Dann auf einem feuchten Küchenhandtuch abkühlen lassen, die Klammern entfernen und die Zwetschgen kühl und dunkel lagern.

Köstliche Säfte, Sirupe und frische Limonaden

Johannisbeersaft aus dem Entsafter

Für 4 Gläser à 500 Milliliter

2 kg rote Johannisbeeren

300 g Zucker

Haltbarkeit: 3 Monate

1 Die Johannisbeeren verlesen, sanft abbrausen und mit den Stielen in den Siebkorb des Entsafters füllen.

2 Mit Zucker bestreuen und über dem Wasserbehälter in etwa 45 Minuten entsaften. Das Wasser muss brodeln und Dampf erkennbar sein. Den Saft rechtzeitig abzapfen bzw. vorsichtshalber ein Gefäß darunterstellen.

3 Den Saft noch heiß in die vorbereiteten Flaschen füllen, abkühlen lassen.

Johannisbeersaft ohne Entsafter

Die Johannisbeeren von den Rispen streifen und wie beschrieben vorbereiten. Die Beeren in einem Topf mit 500 Milliliter Wasser vermengen und zum Kochen bringen. Die Fruchtmasse in ein Tuch gießen, darunter eine Schüssel stellen. Über Nacht den Saft ablaufen lassen. Den Saft mit Zucker vermengen, kurz aufkochen und heiß in die vorbereiteten Gläser füllen, sofort verschließen und für 5 Minuten auf den Kopf stellen (zum Beispiel in eine Mineralwasserkiste).

Brombeersaft

Dieser wohlschmeckende Saft hat auch wundersame Heilkräfte. Bei Heiserkeit
hilft es, mit einem Glas leicht erwärmten Brombeersaft dreimal täglich zu gurgeln.
Selbst berühmte Sänger schwören darauf!

Für 2 bis 3 Flaschen
à 700 Milliliter
2 kg vollreife Brombeeren
500 g Zucker
Haltbarkeit: ca. 4 Wochen

1 Die Brombeeren verlesen, sanft abbrausen, abtropfen lassen und in einer großen Schüssel zerdrücken.

2 Die Fruchtmasse in ein Mull- oder Safttuch (eine Schüssel darunterstellen) gießen und den Saft über Nacht ablaufen lassen. Wenn der Saft schön klar sein soll, das Mus nicht ausdrücken.

3 Den Brombeersaft mit Zucker kurz aufkochen und sofort in die vorbereiteten Flaschen füllen. Kühl aufbewahren.

Im Winter lassen sich wohltuende, heiße Getränke aus Säften zubereiten: Tee und Punsch, mit Fruchtsaft zubereitet, sind wunderbare Seelenwärmer.

Mit den gleichen Frucht- und Zuckermengen lassen sich auch Heidelbeer- und Himbeersaft herstellen.

Rhabarbersirup mit Sternanis | *Foto auf Seite 9*

Wenn Sie nicht sofort dazu kommen, den Rhabarber zu verarbeiten, packen Sie die Stangen in ein leicht angefeuchtetes Küchentuch und ab damit in den Kühlschrank. So hält er sich eine Woche. Noch etwas: Je mehr Sie von dem Rhabarber abschälen, desto süßer schmeckt er.

Für 2 Flaschen à 500 Milliliter
1 kg Rhabarber
600 g Zucker
4 Sternanis
1 TL gemahlener Ingwer
1 Päckchen Zitronensäure
Haltbarkeit: ca. 6 Monate

1 Den Rhabarber waschen, Schale abziehen und die Stangen in etwa fünf Zentimeter große Stücke schneiden. In einem Topf mit etwa 500 Milliliter Wasser mischen, 100 Gramm Zucker, Sternanis, Ingwer und Zitronensäure unterrühren. Aufkochen und so lange kochen, bis der Rhabarber musig wird.

2 Die Fruchtmasse dann in ein Mull- oder Safttuch (eine Schüssel darunterstellen) gießen und den Saft über Nacht ablaufen lassen. Oder die Fruchtmasse in den Entsafter geben und nach Vorschrift des Herstellers entsaften. Für die angegebene Zuckermenge wird 1 Liter Saft benötigt.

3 Den gewonnenen Saft mit dem restlichen Zucker mischen, etwa 5 Minuten kochen, bis sich der Zucker vollständig aufgelöst hat und die Flüssigkeit dicklich geworden ist. Abschäumen.

4 Noch heiß randvoll in die vorbereiteten Flaschen füllen, verschließen und möglichst dunkel und kühl (bei maximal 18 °C) aufbewahren.

Rhabarberschorle ist der große Renner: 3 Esslöffel Rhabarbersirup mit 500 Milliliter Mineralwasser mischen, ein paar Eiswürfel dazu und eventuell noch ein paar gehackte Minzblättchen.

Holunderblütensirup

Die beste Sammelzeit für die Blüten ist ab Mitte/Ende Mai, je nach Witterung. Der betörende Duft weist schon den Weg beim Wandern. Achten Sie beim Sammeln auf einwandfreie Blütendolden; ein Messer oder eine Schere helfen beim Ernten. Aus dem Sirup lässt sich auch ein feines Gelee produzieren, das mit Zitronenmelisse oder Zitronengras angereichert werden kann.

Für 4 Flaschen à 500 Milliliter
25–30 Holunderblütendolden
2 Zitronen
2 kg Zucker
2 Päckchen Zitronensäure
Haltbarkeit: ca. 6 Monate

1 2 Liter Wasser zum Kochen bringen, den Zucker einrühren und so lange kochen, bis sich der Zucker aufgelöst hat. Die Mischung erkalten lassen.

2 Die Holunderblüten erst einmal sanft schütteln, um eventuelle Insekten zu entfernen, dann vorsichtig abbrausen und zum Abtropfen auf ein Küchentuch legen. Die Zitronen auspressen.

3 Den Zitronensaft zufügen, die Blüten in die Zuckermischung legen und 3 bis 5 Tage abgedeckt ziehen lassen. Dabei mehrmals umrühren.

4 Den Sirup durch ein feines Sieb oder besser noch durch ein feines Küchentuch abfiltern, mit der Zitronensäure kurz aufkochen und noch heiß in die vorbereiteten Flaschen füllen und verschließen. Kühl und dunkel aufbewahren.

... Der Duft der Holunderblüten schien ihm, der sonst ein Blumenbarbar war, von jeher ein seltsam verdächtiger Glücksberger zu sein, er sog ihn ein wie ein Gemisch von tröstlichen Versicherungen und rätselhaften Verheißungen ...

Ernst Barlach (1870–1938), aus: »Seespeck«

Erdbeersirup

In dem Kinderlied „Erdbeerlese" von August Heinrich Hoffmann von Fallersleben (1798–1874) singt Elise:

... Erdbeeren, sie lachen von fern mich schon an, ich hab' so recht meine Freude dran.

So oft ich sie kostete, hab' ich gedacht, Gott hat sie wohl nur für die Engel gemacht.

So duftig, so schön von Farb' und Gestalt, die herrlichste Frucht im ganzen Wald!

O könnt' ich sie pflücken an jedem Ort, ich würde mich bücken in einem fort! ...

Für 2 Flaschen à 700 Milliliter
1 kg Erdbeeren
1 kg Zucker
1 Päckchen Zitronensäure
1 unbehandelte Zitrone
Haltbarkeit: ca. 6 Monate

1 Die Erdbeeren verlesen, waschen, die Stiele entfernen und etwas zerkleinern. Die Früchte in eine ausreichend große Schüssel geben. Die Zitronensäure in 500 Milliliter Wasser auflösen und über die Erdbeeren gießen und über Nacht ziehen lassen, dabei kühl stellen.

2 Die Fruchtmasse in ein Mull- oder Safttuch (eine Schüssel darunterstellen) gießen und den Saft über Nacht ablaufen lassen. Oder die Fruchtmasse in den Entsafter geben und nach Vorschrift des Herstellers entsaften.

3 Die Zitrone waschen, abtrocknen, die Schale abreiben. Den erhaltenen Saft mit Zucker und Zitronenschale vermengen und etwa 5 Minuten kochen, bis sich der Zucker gelöst hat und die Flüssigkeit dicklich geworden ist. Abschäumen und den Saft noch heiß randvoll in die vorbereiteten Flaschen füllen, verschließen und möglichst dunkel und kühl (bei maximal 18 °C) aufbewahren.

Fruchtcocktail

2 Esslöffel von Erdbeersirup mit je ¼ Liter Grapefruitsaft und Kirschsaft aufgießen, gut umrühren und in Cocktailgläsern mit Eiswürfeln servieren. Mit Zitronenmelisse oder Minzeblättchen garnieren.

Himbeersirup

Um die Himbeere ranken sich viele Legenden. Unter anderem wird erzählt, dass der Göttervater Jupiter als Kind von der Nymphe Ida, Patin des wissenschaftlichen Namens der Beere „Rubus idaeus", in den Bergen gefunden wurde. Sie wollte das Kind mit Himbeeren trösten, verletzte sich beim Pflücken jedoch so sehr an den Dornen des Strauchs, dass ihr Blut auf die damals noch weißen Beeren tropfte und sie damit für immer rot färbte.

Für 4 Flaschen à 500 Milliliter
1 kg Himbeeren
1 kg rote Johannisbeeren
2 Zitronen
1 kg Zucker
Haltbarkeit: ca. 1 Jahr

1 Himbeeren und Johannisbeeren verlesen, sanft abbrausen und abtropfen lassen. Die Johannisbeeren von den Rispen streifen. In einer Schüssel grob zerdrücken.

2 Die Zitrone auspressen und den Saft mit dem Obst und etwa 100 Gramm Zucker vermischen, abdecken und über Nacht ziehen lassen. Kühl stellen.

3 Die Fruchtmasse in ein Mull- oder Safttuch (eine Schüssel darunterstellen) gießen und den Saft über Nacht ablaufen lassen. Oder die Fruchtmasse in den Entsafter geben und nach Vorschrift des Herstellers entsaften.

4 Den gewonnenen Saft mit dem restlichen Zucker mischen, etwa 5 Minuten kochen, bis die Flüssigkeit dicklich geworden ist. Abschäumen.

5 Noch heiß randvoll in die vorbereiteten Flaschen füllen, verschließen und möglichst dunkel und kühl (bei maximal 18 °C) aufbewahren.

Aromatisieren Sie halb steif geschlagene Sahne mit Himbeersirup und servieren Sie sie zu Eis, Panna cotta, Grießpudding oder Bayerischer Creme — das schmeckt wunderbar.

Rühren Sie Tortenguss mit etwas Himbeersirup an — es sind die kleinen Unterschiede, die Ihren Kuchen unvergleichlich machen.

Brombeer-Himbeer-Sirup

Haupterntezeit für Brombeeren ist der August. An Rändern von lichten Wäldern können Sie fündig werden und sammeln. Das macht Spaß und das Einmachen später, in welcher Form auch immer, ebenfalls. Botanisch gesehen ist die Brombeere übrigens gar keine Beere, sondern eine Sammelsteinfrucht. Jede der kleinen »Perlen« einer Beere ist aufgebaut wie eine Steinfrucht, also wie beispielsweise die Kirsche.

Für 2 Flaschen à 700 Milliliter
500 g Brombeeren
500 g Himbeeren
1 EL Zitronensaft
1 kg Zucker
Haltbarkeit: ca. 1 Jahr

1 Die Beeren verlesen, sanft abbrausen und abtropfen lassen. In einer Schüssel mit dem Zitronensaft und etwa 3 Esslöffeln Zucker vermengen, etwas zerdrücken und einige Stunden ziehen lassen.

2 Die Fruchtmasse in ein Mull- oder Safttuch (eine Schüssel darunterstellen) gießen und den Saft über Nacht ablaufen lassen. Oder die Fruchtmasse in den Entsafter geben und nach Vorschrift des Herstellers entsaften.

3 Den gewonnenen Saft mit dem restlichen Zucker mischen, etwa 5 Minuten kochen, bis sich der Zucker aufgelöst hat und die Flüssigkeit dicklich geworden ist. Abschäumen.

4 Noch heiß randvoll in die vorbereiteten Flaschen füllen, verschließen und möglichst dunkel und kühl (bei maximal 18 °C) aufbewahren.

Kräuterwürziger Zitronen-Apfel-Sirup

Trauen Sie sich ruhig an etwas gewagtere oder vielleicht auch nur ungewöhnliche Kombinationen heran. Wenn Ihnen die drei Kräuter im nachfolgenden Rezept zu viel sind, tasten Sie sich erst einmal mit einem heran.

Für 1 Flasche à 700 Milliliter

4–5 unbehandelte Zitronen

2 Äpfel

1 Zweig Thymian

2 Zweige Zitronenmelisse

1 Zweig Minze

400 g weißer oder brauner Zucker

6 EL Ahornsirup

1 Päckchen Zitronensäure

Haltbarkeit: ca. 1 Jahr

1 Die Zitronen waschen, abtrocknen, die Schale abreiben und den Saft auspressen (benötigt werden 500 Milliliter). Die Äpfel schälen, vierteln, dabei die Kerne entfernen und die Apfelviertel fein reiben. Von den Kräuterzweigen die Blättchen abzupfen und grob hacken.

2 Den Zitronensaft, geriebene Äpfel, Kräuterblättchen, Zucker, Ahornsirup und Zitronensäure in einem Topf vermengen und rühren, bis sich der Zucker aufgelöst hat.

3 Die Fruchtmasse in ein Mull- oder Safttuch (eine Schüssel darunterstellen) gießen und den Saft über Nacht ablaufen lassen. Oder die Fruchtmasse in den Entsafter geben und nach Vorschrift des Herstellers entsaften.

4 Den gewonnenen Saft mit dem restlichen Zucker mischen, etwa 5 Minuten kochen, bis die Flüssigkeit dicklich geworden ist. Abschäumen und noch heiß randvoll in die vorbereiteten Flaschen füllen, verschließen und möglichst dunkel und kühl (bei maximal 18 °C) aufbewahren.

Sie können jede Zuckerart für einen Sirup verwenden, es spielt für die Haltbarkeit keine Rolle, ob er braun oder weiß ist, ob es Vollrohrzucker, Rohrohrzucker oder gar Kandiszucker ist. Der Kaloriengehalt ist nahezu identisch, doch sie unterscheiden sich etwas im Geschmack: Der braune Zucker schmeckt leicht karamellig oder malzig, was für manche Getränke ein Vorteil ist.

Sirup

Zitrone
Apfel
Minze
Melisse
Thymian

Mandarinen
Sirup

Mandarinensirup

Dem angenehmen Duft und der erfrischenden Süße von Mandarinen kann kaum jemand widerstehen. Wie gut, dass sich diese wunderbaren Sinneswahrnehmungen in einem köstlichen Sirup festhalten lassen.

Für 2 Flaschen à 700 Milliliter
10 unbehandelte Mandarinen
1 Päckchen Zitronensäure
500 g Zucker
Haltbarkeit: ca. 1 Jahr

1   Die Mandarinen waschen, abtrocknen, die Schale abreiben. Die Früchte schälen und entweder auspressen oder in kleine Stücke schneiden, dabei den Saft auffangen.

2   Die Früchte mit Saft und Schalenstückchen in einem Topf mit der Zitronensäure und etwa 100 Gramm Zucker vermengen. Rühren, bis sich der Zucker aufgelöst hat. Über Nacht ziehen lassen.

3   Die Fruchtmasse dann in ein Mull- oder Safttuch (eine Schüssel darunter stellen) gießen und den Saft über Nacht ablaufen lassen. Oder die Fruchtmasse in den Entsafter geben und nach Vorschrift des Herstellers entsaften. Für die angegebene Zuckermenge werden 500 Milliliter Saft benötigt.

4   Den gewonnenen Saft mit dem restlichen Zucker mischen, etwa 5 Minuten kochen, bis sich der Zucker ganz aufgelöst hat und die Flüssigkeit dicklich geworden ist. Abschäumen.

5   Noch heiß randvoll in die vorbereiteten Flaschen füllen, verschließen und möglichst dunkel und kühl (bei maximal 18 °C) aufbewahren.

Diese süße Frucht kommt ursprünglich aus China, wo sie nur der Kaiser und höhere Beamte genießen durften. Man vermutet, dass sich der Name von der mandarinenfarbenen Kleidung der Würdenträger ableitet — andere wieder behaupten, die Insel Mauritius sei der Namensgeber, weil sie von den Einwohnern »Mandara« genannt wird. Am guten Geschmack ändert diese Frage aber gar nichts.

Erdbeerlimonade

Ein besonders köstlicher Durstlöscher — Erdbeerfans können von dem prickeln-
den Getränk nicht genug bekommen. Es lohnt sich deshalb, größere Mengen von
dem Erdbeermus einzufrieren — dann gibt es keine enttäuschten Mienen, wenn
keine frischen Früchte mehr vorhanden sind.

Für 1,5 Liter

3 unbehandelte Zitronen
200 g brauner Zucker
500 g Erdbeeren
Eiswürfel
Zitronenmelisseblättchen und
Erdbeeren zum Garnieren

1   Die Zitronen waschen, abtrocknen, die Schale abreiben und den Saft
auspressen (benötigt werden etwa 250 Milliliter Saft).

2   500 Milliliter Wasser mit dem Zucker aufkochen und rühren, bis er
sich aufgelöst hat. Zitronenschale und -saft hineinrühren.

3   Die Erdbeeren verlesen, entstielen, pürieren und mit dem Zitronen-
wasser verrühren. Durch ein Sieb in einen Glaskrug schütten und kühl
stellen.

4   Vor dem Servieren mit gekühltem Mineralwasser mischen, in Longdrinkgläser gießen, Eiswürfel hinzufügen und mit Blättchen der Zitronenmelisse und halbierten Erdbeeren garnieren.

Auch mit Eis schmeckt diese Limonade sehr gut.
Geben Sie neben dem Erdbeersaft noch eine Kugel
Vanilleeis in die Longdrinkgläser und gießen Sie dann
erst das Mineralwasser ein.

Oder genießen Sie das Erdbeer-Zitronenpüree
einfach mit Milch oder Joghurt als Shake —
es schmeckt nach mehr.

Schottische Limonade mit Kirschsaft

Bereiten Sie die Limonade auch einmal mit Earl Grey zu. Der feine, mit Bergamotteöl aromatisierte Tee sorgt für einen besonderen Geschmack.

Für 2 Liter
4 Beutel Kräutertee
(Pfefferminze, Melisse,
Kräutermischung)
1 Zitrone
1 EL brauner Zucker
1 l Kirschsaft
750 ml Mineralwasser
Eiswürfel

1 Die Teebeutel mit 1 Liter kochendem Wasser übergießen und nach Vorschrift ziehen lassen.

2 Die Zitrone auspressen und den Zucker in den Saft rühren, bis er sich aufgelöst hat.

3 Den Tee in einen Krug gießen, Kirsch- und Zitronensaft hinzufügen, alles miteinander verrühren und kühl stellen.

4 Das Getränk in Longdrinkgläser füllen, mit Mineralwasser aufgießen, Eiswürfel hinzufügen und mit Kräuterblättchen oder Zitronenscheiben garnieren.

Gezuckerter Glasrand

Besonders hübsch sind gezuckerte Glasränder für Getränke. Zwei Teller bereitstellen. Auf den einen etwas Kirschsaft geben, auf den anderen weißen Zucker. Die Ränder der Gläser erst in den Saft tauchen, dann in den Zucker und etwas abklopfen. Natürlich können Sie auch nur Wasser oder Zitronensaft nehmen, aber die farbigen Ränder sind einfach dekorativer. Beim Eingießen dann ganz vorsichtig sein, damit der Zuckerrand nicht berührt wird.

Teelimonade mit Zitronensirup

Wer Angst hat, nach dem Genuss der Teelimonade nicht schlafen zu können, nimmt Hagebutten- oder Pfefferminztee.

Zitronensirup
Für 1 Flasche à 700 Milliliter

500 g Zucker
1/2 TL Zitronensäure
2–3 unbehandelte Zitronen
Haltbarkeit: ca. 1 Jahr

1 Den Zucker mit 500 Milliliter Wasser in einem Topf unter Rühren zum Kochen bringen und so lange rühren, bis sich der Zucker vollkommen gelöst hat und die Flüssigkeit klar ist. Den Schaum abschöpfen.

2 Die Zitronensäure zufügen. Die Lösung etwa 5 Minuten bei offenem Topf und schwacher Hitze einkochen, bis sie etwas dickflüssig geworden ist.

3 Die Zitronen waschen und abtrocknen. Die Schale der Zitronen abreiben und den Saft auspressen. Beides in die heiße Zuckerlösung rühren, kurz aufkochen lassen und etwa eine halbe Stunde ziehen lassen. Dann in die vorbereitete Flasche füllen.

Teelimonade
Für 1,2 Liter

3 EL schwarzer Tee
3 Limonen
100 ml Zitronensirup
(siehe oben)
evtl. einige Cocktailkirschen und
Zitronenscheiben
evtl. noch Zucker, Honig oder
Ahornsirup zum Nachsüßen

1 Den Tee mit 1 Liter kochendem Wasser überbrühen und höchstens 3 Minuten ziehen lassen.

2 Die Limonen auspressen. Den Tee in einen Glaskrug abfiltern, Zitronensirup und Limonensaft hineinrühren. Das Getränk kalt stellen.

3 Die Teelimonade in Gläser verteilen, mit Cocktailkirschen, Eiswürfeln und halbierten Zitronenscheiben servieren.

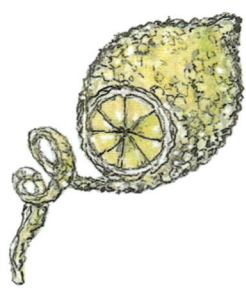

Zitronen-Ingwer-Limonade

An heißen Tagen wirkt der Ingwer kühlend und seine leichte Schärfe ist sehr belebend. Statt mit Mineralwasser oder Bitter Lemon, kann die Limonade auch mit Sekt gemischt werden oder als Grundlage für Cocktails dienen.

Für 1,5 Liter

1 Stück frischer Ingwer (ca. 3 cm)

1 TL Honig

8 Zitronen

750 ml Mineralwasser

oder Bitter Lemon

Eiswürfel und Zitronenscheiben

1 Den Ingwer schälen und sehr fein hacken. Mit etwa 100 Milliliter kochendem Wasser übergießen und 10 Minuten ziehen lassen. Dann durch ein Sieb gießen und mit dem Honig verrühren.

2 Die Zitronen auspressen und den Saft in einen Glaskrug schütten. Das Ingwerwasser dazugießen und mit Mineralwasser oder Bitter Lemon auffüllen. Kühl stellen.

3 Die Limonade in Cocktailgläser füllen, Eiswürfel hinzufügen und mit Blättchen von Zitronenmelisse oder Minze und feinen, bis zur Mitte durchgeschnittenen Zitronenscheiben, die auf den Glasrand gesteckt werden, garnieren.

Eiswürfel, die den Geschmack einer Limonade verbessern, lassen sich wie folgt herstellen: Frische, klein gehackte Minz- oder Zitronenmelisseblättchen oder getrocknete Lavendelblüten in Eiswürfelbehälter (oder auch Minimuffin-Silikonform) legen, mit Wasser auffüllen und gefrieren lassen.

Orangenlimonade mit Grapefruitsaft

Kumquats sind Zwergorangen, die mit der (immer unbehandelten) Schale gegessen werden können. Sie schmecken herb-fruchtig, leicht bitter und sind eine geschmacklich originelle Bereicherung für jeden Obstsalat. Auch in Getränken sorgen sie für den kulinarischen Pfiff. Im Prinzip schmecken sie in allen Gerichten, in denen Orangen verwendet werden können.

Für 1,5 Liter

ca. 10 Kumquats
3–4 unbehandelte Orangen
2 EL Ahornsirup
4 Stiele Zitronenmelisse
3 Grapefruits
750 ml Mineralwasser
etwas Zitronenmelisse
zum Garnieren

1 Die Kumquats waschen, die Stielenden entfernen, in dünne Scheiben schneiden und in Eiswürfelbehälter legen. Mit Wasser aufgießen und ins Eisfach stellen.

2 Die Orangen waschen, abtrocknen, die Schale in feinen Streifen ohne das Weiße abziehen. Den Saft auspressen und mit dem Ahornsirup verrühren.

3 Die Zitronenmelisse waschen, trocken schütteln, die Blättchen fein hacken und in den Orangensaft rühren.

4 Die Grapefruits auspressen und zum Orangensaft geben. 2 bis 3 Stunden kalt stellen.

5 Den Orangen-Grapefruit-Saft mit gekühltem Mineralwasser aufgießen. Das Getränk in Longdrinkgläser füllen und die Kumquat-Eiswürfel hinzufügen. Die Gläser mit den Orangenstreifen und eventuell noch mit Melisseblättchen garnieren.

Limonen-Ingwer-Limonade

Pressen Sie 10 Limonen aus. Kochen Sie 500 Milliliter Wasser mit 1 Esslöffel gewürfeltem frischem Ingwer und 300 Gramm Zucker ca. 5 Minuten. 1 Esslöffel gehackte Zitronenmelisseblättchen unterrühren. Abkühlen lassen und den Limonensaft hinzufügen. Dann alles durch ein feines Sieb in eine vorbereitete Flasche abgießen. Verschließen und kühl stellen. Mit Sekt oder Mineralwasser aufgießen.

Aromatische Liköre, Aufgesetzte

und Früchte

in Alkohol

Himbeerlikör mit Minze

Der himmlische Duft der Himbeeren und schöne Sommertage gehören untrennbar zusammen. Köstlichere und intensiver schmeckende Früchte als die Himbeeren gibt es für mich eigentlich nicht. Die Zubereitungsvielfalt ist enorm und dieser Himbeerlikör ist ein weiterer Beweis dafür.

Für 2 Flaschen à 500 Milliliter
1 Zweig Minzblätter
1 kg Himbeeren
1 l Korn
350 g Zucker
5 Sternanis
Haltbarkeit: ca. 10 Monate

1 Die Minzblätter waschen, trocken schütteln und grob zerhacken. Die Himbeeren gründlich verlesen, abbrausen, abtropfen lassen. In ein großes Ansatzgefäß geben und leicht zerdrücken.

2 Minzblätter, Korn, Zucker und Sternanis hinzufügen und miteinander verrühren. Das Gefäß verschließen und an einem sonnigen Ort etwa 2 bis 3 Wochen ziehen lassen.

3 Danach abfiltern (die Himbeeren dabei ausdrücken) und in die vorbereiteten Flaschen füllen und erneut mindestens 6 Monate dunkel stehend reifen lassen.

Korn, Wodka oder Gin sind generell als Ansatzalkohol bestens geeignet, aber auch Rum und Whiskey lassen sich verwenden — bringen jedoch mehr Eigengeschmack mit.

Sommerbeerenschnaps

Aromatischer geht es kaum, der Fruchtgeschmack dieses Getränks ist unwiderstehlich. Bei uns zuhause wurde er immer von dem Obst angesetzt, das nach dem Einmachen noch übrig war. Alle genannten Beerensorten zu verwenden ist kein Muss. Es muss nur die Gesamtmenge an Früchten stimmen.

Für 2 Flaschen à 500 Milliliter
1 kg frische gemischte Beeren
(Johannis-, Erd-, Him- und
Heidelbeeren)
125 g brauner Zucker
6 Gewürznelken
6 Wacholderbeeren
3 Zimtstangen
1 l Doppelkorn
Haltbarkeit: ca. 6 bis 8 Monate

1 Die Beeren verlesen, vorsichtig abbrausen und schichtweise mit Zucker in ein großes Ansatzgefäß füllen. Ziehen lassen, bis sich Saft gebildet hat. Die Gewürze zugeben und den Schnaps darübergießen, die Früchte müssen vollständig davon bedeckt sein.

2 Den Ansatz an einen sonnigen und warmen Platz stellen und ab und an schütteln. 6 bis 8 Wochen ziehen lassen.

3 Den Ansatz abfiltern und den Schnaps in die vorbereiteten Flaschen gießen und verschließen, nochmals etwa 8 bis 10 Wochen ziehen lassen. Je länger, desto besser schmeckt der Aufgesetzte.

Korn ist der typische Aufgussalkohol für Beeren, Rum wird gerne für Zwetschgen und Pflaumen verwendet, Weinbrand für Quitten und Mirabellen, Wodka ist geeignet für Zitrusfrüchte und Whiskey für Äpfel und Birnen. Zusätzliche Würzzugaben wie Vanille und Zimt sorgen für ein lieblicheres Getränk, mit Nelken, Chili oder Kräutern wird es würziger.

Würziger Heidelbeerlikör

Heidelbeeren haben unterschiedlichste Namen. Man kennt sie als Blaubeere, Schwarzbeere, Mollbeere, Wildbeere, Wald-, Bick- oder Moosbeere. Angeblich enthalten diese Früchte eine Substanz, die der Arteriosklerose entgegenwirkt — also oft in den Speiseplan einbeziehen.

Für 2 Flaschen à 500 Milliliter
1 unbehandelte Orange
1 kg Heidelbeeren
300 g brauner Zucker
1–2 Gewürznelken
1 Zimtstange
700 ml Wodka
Haltbarkeit: ca. 6 bis 8 Monate

1 Die Orange waschen, abtrocknen. Die Schale hauchfein abschälen und in dünne Streifen schneiden. Heidelbeeren verlesen, abbrausen und abtropfen lassen.

2 Die Heidelbeeren in einem großen verschließbaren Gefäß zerstampfen und mit den Orangenschalenstreifen und dem Zucker vermengen. Gewürznelken und Zimtstange hinzufügen und mit dem Wodka übergießen. Das Gefäß verschließen und den Ansatz an einem dunklen warmen Ort ziehen lassen.

3 Nach 6 Wochen die Flüssigkeit durch einen Filter abgießen, in die vorbereiteten Flaschen füllen und nochmals mindestens 6 Wochen nachreifen lassen. Am besten schmeckt der Likör nach 4 bis 6 Monaten Reifezeit.

Heidelbeer-Grappa-Likör

Statt mit Wodka können Sie die Heidelbeeren auch mit Grappa aufsetzen. Diese Variante hat in Italien Trendcharakter und wird dort pur oder gekühlt mit Eiswürfeln serviert.

Apfel-Quitten-Schnaps

Die Äpfel für diesen köstlichen Schnaps werden nicht geschält, weil die Geschmacksstoffe hauptsächlich in der Schale stecken.

Für 2 Flaschen à 500 Milliliter
ca. 1 kg säuerliche Äpfel
(z. B. Cox Orange oder Braeburn)
1 Quitte
1 Zweig Zitronenmelisse
1 Zimtstange
$1/2$ TL Zitronensäure
250 ml Weißwein
500 ml Korn
250 ml weißer Rum
250 g Zucker
Haltbarkeit: ca. 6 Monate

1 Die Äpfel waschen, vierteln, das Kerngehäuse entfernen und die Viertel in Scheiben schneiden. Die Quitte waschen, den Flaum gut abreiben, Stängel und Blüte entfernen und die Frucht vierteln. Die Blättchen von der Zitronenmelisse grob zerteilen.

2 Die Früchte in ein Ansatzgefäß geben, Zimtstange, Zitronensäure, Weißwein, Korn, Rum, Zucker und Melissenblättchen hinzufügen. Alles gut vermischen. Das Gefäß verschließen, dunkel und warm aufbewahren und etwa 5 Wochen ziehen lassen.

3 Danach den Ansatz abfiltern, den Schnaps in die vorbereiteten Gläser füllen und mindestens noch einmal 3 Monate ruhen lassen. Möglicherweise ist die Flüssigkeit etwas trüb, das tut dem guten Geschmack aber keinen Abbruch.

Mandel-Kirsch-Likör

Amaretto-Kirsch-Topf

Die Kirschen passen besonders gut zu Eis und Vanillepudding, außerdem schmecken sie im Winter wunderbar in einer Tasse starkem, wärmendem Tee.

Für 4 Gläser à 500 Milliliter
1,5 kg Sauerkirschen
1 unbehandelte Zitrone
500 g Vollrohrzucker
1 Vanilleschote
250 ml Mandellikör (Amaretto)
250 ml Rum
Haltbarkeit: ca. 6 Monate

1 Die Kirschen verlesen, waschen und entsteinen.

2 Die Zitrone waschen, abtrocknen und die Schale ganz dünn abschälen und in feine Streifen schneiden. Den Saft auspressen.

3 Kirschen, Zitronensaft und -schale mit dem Zucker in einer ausreichend großen Schüssel mischen und zugedeckt über Nacht kühl stellen.

4 Die Vanilleschote halbieren, aufschlitzen, in 6 Stücke schneiden und je 2 in die vorbereiteten Gläser geben, die Kirschen in die Gläser geben und den Saft darübergießen.

5 Den Mandellikör mit Rum mischen und ebenfalls über die Kirschen gießen. Die Gläser verschließen und dunkel und kühl stellen. Die Kirschen sollten mindestens 3 Wochen durchziehen, bis sie zum ersten Mal serviert werden.

Der italienische Mandellikör hat eine lange Geschichte. Der Legende zufolge bekam im Jahr 1525 ein Schüler Leonardo da Vincis, Bernardino Luini, den Auftrag, in der Kirche Santa Maria della Grazia ein Fresco der Madonna der Wunder zu gestalten. Als Modell dafür wählte er eine junge Witwe aus der Gegend — die sich in den Künstler verliebte und als Zeichen dieser Liebe diesen verführerischen Trank erfand.

Trunkene Stachelbeeren

Die trunkenen Stachelbeeren schmecken besonders gut zu Grießpudding, Reisbrei und Quarkspeisen.

Für 1 großes Glas à 1 Liter

2 kg nicht ganz reife
Stachelbeeren
1 kg brauner Zucker
500 ml Weißwein
(Riesling oder Silvaner)
1 Stange Zimt
3 Gewürznelken
Haltbarkeit: ca. 3 Monate

1 Die Beeren putzen, waschen, ihre Stiele entfernen und abtropfen lassen.

2 Den Zucker mit dem Weißwein mischen, Zimt und Gewürznelken hinzufügen. Das Gemisch 10 Minuten kochen, dabei oft rühren.

3 Die Stachelbeeren in die Gläser füllen und den Zuckersirup gleichmäßig darüber verteilen. Abdecken und über Nacht ziehen lassen.

4 Dreimal nacheinander nach jeweils 24 Stunden die Flüssigkeit abgießen, die sich in dem Beeren-Zucker-Wein-Gemisch gebildet hat, aufkochen und heiß wieder über die Beeren gießen.

5 Zuletzt alle Stachelbeeren mit dem Sirup noch einmal in einem Topf aufkochen. Das vorbereitete Glas auf ein feuchtes Tuch stellen und die Stachelbeeren heiß einfüllen. Kühl und dunkel aufbewahren.

Marinierte Pfirsiche

Der Duft reifer Pfirsiche ist wie eine sommerliche Verheißung. Drum muss man sie unbedingt für die graueren Zeiten »konservieren«, damit sie Erinnerungen an die schönen Tage wecken oder Freude auf die kommende warme Jahreszeit.

Für 2 Gläser à 500 Milliliter
2 Zitronen
1 kg Pfirsiche
500 ml trockener Weißwein
350 g Rohrzucker
1 Stange Zimt
1 TL Koriander
1 TL Salz
1 Lorbeerblatt
1 kleine getrocknete Chilischote
Haltbarkeit: ca. 3 Monate

1 Die Zitronen auspressen. Die Pfirsiche in einer Schüssel mit kochendem Wasser überbrühen, kurz ziehen lassen. Herausnehmen, enthäuten, halbieren und entsteinen.

2 Zitronensaft mit Wein mischen und die Pfirsiche darin kurz dünsten. Herausnehmen und über einer Schüssel abtropfen lassen.

3 Den Wein-Zitronen-Sud mit dem abgetropften Saft von den Pfirsichen, Zucker, Zimt, Koriander und Lorbeerblatt mischen. Etwa 20 Minuten bei schwacher Hitze etwas einkochen lassen. Die Pfirsiche hinzufügen und 5 Minuten in dem Sud dünsten. Die Früchte herausnehmen und abtropfen lassen.

4 Den Sud durch ein Sieb passieren, nochmals aufkochen, bis die Flüssigkeit sirupartig wird.

5 Die Chilischote waschen, halbieren, Kerne entfernen (Achtung, scharf!), das Fruchtfleisch sehr fein hacken. Die Pfirsichhälften nun mit Chili in die vorbereiteten Gläser schichten und mit dem Weinsirup begießen. Die Früchte sollten ganz mit Flüssigkeit bedeckt sein. Die Gläser verschließen.

Die marinierten Pfirsiche mögen Quark, Joghurt, Pudding — aber ganz besonders gut schmecken sie mit einer schnell zuzubereitenden Campari-Zabaglione (Schaumcreme). Dafür 2 Eigelbe mit 25 Gramm Zucker über einem Wasserbad schaumig aufschlagen, etwa 80 Milliliter Campari und 60 Milliliter Orangensaft hinzufügen und zu einer Creme verrühren. Noch warm mit den marinierten Pfirsichen als Dessert servieren. Marsala anstelle von Campari bietet etwas mehr Süße und schmeckt auch ganz wunderbar.

Armagnac-Pflaumen

Armagnac-Pflaumen veredeln viele Desserts in wohlschmeckender Weise, sie passen gut zu Eis, Vanillepudding und manchen trockenen Kuchen. Ungewöhnlich aber köstlich: zu Geflügelgerichten oder ausdrucksstarken Käsen serviert. Hübsch verpackt sind sie auch ein schönes Mitbringsel.

Für 3 Gläser à 500 Milliliter

1,5 kg reife, aber feste Pflaumen
oder Zwetschgen
750 g brauner Zucker
1 unbehandelte Zitrone
2 Zimtstangen
12 Gewürznelken
1 l Armagnac
(französischer Weinbrand)
Haltbarkeit: ca. 6 Monate

1 Die Pflaumen waschen, abtrocknen und die Stiele entfernen. Nicht entsteinen. Mit einer Gabel ringsherum Löcher stechen.

2 Die Früchte mit dem Zucker vermengen und über Nacht ziehen lassen, der Zucker muss sich auflösen.

3 Die Zitrone waschen, abtrocknen und die Schale hauchdünn abschälen und in Streifen schneiden. Die Zimtstangen in je 3 Teile brechen.

4 Die Pflaumen am nächsten Tag in einem Sieb abtropfen lassen, den Saft auffangen. Die Früchte nun fest in die vorbereiteten Gläser schichten, Zitronenschale, Zimtstangenstücke und Gewürznelken dabei gleichmäßig verteilen und alles mit Armagnac begießen, sodass die Pflaumen komplett bedeckt sind. Den Saft, der sich gebildet hat, ebenfalls dazu gießen. Kühl und dunkel stellen und mindestens 6 Wochen durchziehen lassen.

Armagnac, der aus verschiedenen Weißweinen destilliert wird, stammt aus der Gascogne in Frankreich und gehört zu den ältesten Brandys, seine Produktion wurde bereits 1461 beschrieben. Er steht zwar manchmal im Schatten des Cognacs, was aber wegen seiner feinen Aromen und seines typischen Charakters nicht angemessen ist. Kenner schätzen ihn sehr.

Würzige Chutneys, Relishs und Saucen

Rhabarberchutney mit Chili

Dieses Chutney kann, wie die anderen natürlich auch, zu allen indischen bzw. asiatischen Gerichten serviert werden. Es bildet ebenso eine gute Grundlage für Grillmarinaden und vermischt mit Quark, Schmand oder Joghurt entsteht ein feiner Dip für Fondues.

Für 5 Gläser à 300 Milliliter

1 kg Rhabarber
250 g Schalotten
3 Knoblauchzehen
1 Stück frischer Ingwer (ca. 4 cm)
250 g Äpfel
2 kleine rote Chilischoten
400 g brauner Zucker
100 g Rosinen
500 ml Weinessig
$\frac{1}{2}$ TL Zimt
10 Gewürznelken
$\frac{1}{2}$ TL Salz
schwarzer Pfeffer

Haltbarkeit: ca. 6 Monate

1 Den Rhabarber waschen, falls erforderlich schälen und in drei Zentimeter dicke Stücke schneiden. Schalotten, Knoblauch und Ingwer schälen und sehr fein hacken. Die Äpfel schälen, vierteln, dabei das Kerngehäuse entfernen und sehr klein würfeln. Die Chilischote waschen, aufschneiden, die Kerne entfernen (Achtung, die Kerne sind sehr scharf) und in feinste Würfel schneiden.

2 Zucker mit Rosinen und der Hälfte des Essigs in einer tiefen Pfanne erhitzen, Gewürze und alle anderen vorbereiteten Zutaten hinzufügen und kochen lassen, bis der Rhabarber zerfällt.

3 Den restlichen Essig hinzufügen und die Fruchtmasse bei schwacher Hitze mindestens 30 Minuten einkochen. Salz und Pfeffer zugeben. Ständig rühren, damit nichts anbrennt. Wenn mit dem Löffel eine »Straße« gezogen werden kann, ist das Chutney fertig.

4 Noch heiß in die vorbereiteten Gläser füllen, verschließen und umgedreht auf ein feuchtes Tuch stellen. Abkühlen lassen und kühl und dunkel aufbewahren.

Ein Chutney abzuschmecken ist schwierig, denn der wahre Geschmack entwickelt und verändert sich erst während der Lagerung. Erst nach vier bis sechs Wochen stellt sich heraus, wie es wirklich schmeckt. Nachbessern ist leider nicht möglich.

Apfelchutney mit Aprikosen

Eine großen Ernte eröffnet die Möglichkeit, auch einmal ungewöhnlichere Dinge auszuprobieren. Wenn also Säfte, Gelees und Kompotte bereits gemacht sind, sorgt dieses Chutney für eine pikante Abwechslung im Apfelreigen.

Für 7 bis 8 Gläser à 250 Milliliter

200 g getrocknete Aprikosen
400 g Rosinen
1 Zitrone
500 ml trockener Weißwein
125 ml Weißweinessig
1 EL Senfkörner
1 kg grüne Äpfel
500 g Zwiebeln
150 g Rohrzucker
100 g Gelierzucker 3:1
1/2 TL Cayennepfeffer
1 TL gemahlener Ingwer
1 EL Salz

Haltbarkeit: ca. 6 Monate

1 Die Aprikosen fein hacken. Die Rosinen mit heißem Wasser überbrausen, abtropfen lassen und mit einem Küchentuch trocken tupfen. Die Zitrone waschen, achteln, in Scheibchen schneiden oder schnitzeln und die Kerne dabei entfernen. Diese Zutaten alle in einer Schüssel mischen und mit dem Weißwein verrühren. 5 bis 6 Stunden ziehen lassen.

2 Die Senfkörner im Mörser zerstoßen. Äpfel schälen, entkernen, vierteln und in grobe Stücke schneiden. Die Zwiebeln schälen, halbieren und zerhacken. In einem Topf mit der Aprikosen-Rosinen-Mischung, Senfkörnern, Zucker, Gelierzucker, Cayennepfeffer, Ingwer und Salz gut verrühren und aufkochen.

3 Die Fruchtmasse so lange kochen, bis sie dicklich wird und man mit einem Löffel eine »Straße« ziehen kann. Dabei aber ständig rühren, weil die Masse leicht anbrennt.

4 Das Apfelchutney noch heiß in die vorbereiteten Gläser füllen, verschließen und für 5 Minuten umgekehrt auf ein feuchtes Küchentuch stellen. Kühl und dunkel aufbewahren.

Dieses Chutney passt hervorragend zu Lamm und gebratener Leber — und ist ein guter Begleiter beim Fleischfondue. Aber probieren Sie es auch mal als Butterersatz auf einem Käse- und Geflügelsandwich — es schmeckt sehr lecker!

Scharfes Pfirsichchutney

Wer Schärfe nicht mag, lässt die Chilischote einfach weg und eventuell auch die Senfsamen. Das Ergebnis schmeckt dann wesentlich milder.

Für 4 bis 5 Gläser à 250 Milliliter

1,5 kg reife Pfirsiche

250 g Schalotten

1 rote Chilischote

1 Zitrone

1 Stück frischer Ingwer (ca. 4 cm)

1 TL Korianderkörner

1 TL Kardamomsamen

1 TL Senfsamen

2 TL Salz

200 g Gelierzucker 1:1

250 ml Weißweinessig

250 ml Orangensaft

Haltbarkeit: ca. 6 Monate

1 Die Pfirsiche kurz mit kochendem Wasser überbrühen, abschrecken und die Schale abziehen. Dabei halbieren und die Kerne entfernen. Das Fruchtfleisch würfeln. Die Schalotten schälen und hacken. Die Chilischote waschen, halbieren, Kerne entfernen (Achtung scharf!) und fein würfeln. Die Zitrone auspressen, den Ingwer schälen und hacken. Koriander, Kardamom und Senfsamen in einem Mörser zerdrücken.

2 Alles in einen ausreichend großen Topf mit den Gewürzen, Salz, Gelierzucker, Essig und Orangensaft geben. Aufkochen und bei mittlerer Hitze so lange kochen, bis die Masse dicklich wird. Dabei ständig rühren, damit nichts anbrennt.

3 Das Chutney noch heiß in die vorbereiteten Gläser füllen, verschließen und umgekehrt auf ein feuchtes Küchentuch stellen. Kühl und dunkel aufbewahren.

Etwas mehr Biss erhält dieses fruchtige Chutney durch die Zugabe von Korinthen, die auch noch eine interessante Süße mitbringen. Mandelblättchen oder -stifte sowie gehackte Walnusskerne passen ebenso gut.

Brombeerrelish mit Kreuzkümmel

Dieses Relish passt und schmeckt gut zu gegrilltem Fleisch, gebratenem Geflügel oder Braten und auch zu gedünstetem Fisch. Ganz toll harmoniert es aber auch zu Hülsenfrüchten, zum Beispiel gelben Linsen.

Für 4 Gläser à 250 Milliliter
500 g Brombeeren
250 g Zwiebeln
2 EL Olivenöl
1 TL Kreuzkümmel
10 Gewürznelken
250 g brauner Zucker
300 ml Apfel- oder Weißweinessig
Haltbarkeit: ca. 6 Monate

1 Die Brombeeren verlesen, sanft abbrausen und auf einem Küchentuch abtropfen lassen. Die Zwiebeln schälen, halbieren und sehr fein hacken. Kreuzkümmel und Gewürznelken in einem Mörser möglichst fein zerstoßen.

2 In einer großen Pfanne das Öl erhitzen, die Zwiebeln darin glasig dünsten, Brombeeren, Zucker, Essig, Kreuzkümmel und Nelken hinzufügen. Unter ständigem Rühren bei schwacher Hitze so lange kochen, bis die Masse cremig-dicklich ist.

3 Noch heiß in die vorbereiteten Gläser füllen, verschließen und umgekehrt auf ein feuchtes Küchentuch stellen. Abkühlen lassen. Kühl und dunkel aufbewahren.

Wer gerne wissen möchte, was eigentlich der Unterschied zwischen einem Chutney und einem Relish ist, dem sei gesagt, dass eine ganz klare Differenzierung eigentlich nicht möglich ist. Dennoch ein kleiner Versuch: Ein Relish ist meist etwas säuerlicher als ein Chutney und enthält größere Fruchtstücke.

Erdbeer-Mango-Relish

Der Geschmack reifer Mangos ist einfach wunderbar — sanft, süß, etwas säuerlich und ein bisschen nach Pfirsichen. Reife Früchte geben auf Druck etwas nach und zeigen kleine schwarze Pünktchen, die unterschiedlichen Farben der Schale sind kein Indiz für den Reifegrad.

Für 3 bis 4 Gläser à 250 Milliliter

3 reife Mangos
200 g Erdbeeren
2 Schalotten
1 rote Pfefferschote
(oder Chilischote)
6 EL Traubenkern- oder Olivenöl
3 TL Honigsenf
250 ml Weißweinessig
2 TL Salz
50 g brauner Zucker
Haltbarkeit: ca. 6 Monate

1 Die Mangos waschen, schälen und das Fruchtfleisch in großen Stücken vom Kern abschneiden. Die Erdbeeren verlesen, Stiele entfernen und halbieren, große vierteln. Die Schalotten schälen, halbieren und in Scheiben schneiden. Die Pfefferschote waschen, aufschneiden, Kerne entfernen (Achtung, scharf!) und sehr fein würfeln.

2 In einem Topf das Öl erhitzen und die Schalotten glasig dünsten. Den Honigsenf mit Weißweinessig, Salz und Zucker hinzufügen und gut verrühren. Mangos, Erdbeeren und Pfefferschote unterheben. Bei schwacher Hitze und unter ständigem Rühren kochen, bis die Masse dicklich wird.

3 Das Relish noch heiß in die vorbereiteten Gläser füllen, verschließen und umgedreht auf ein feuchtes Küchentuch stellen. Abkühlen lassen. Kühl und dunkel aufbewahren.

Essen Sie dieses Relish einfach mal als Brotaufstrich. Ungewöhnlich, aber sehr lecker. Auch zu Quark und Hüttenkäse mag ich es sehr. Ansonsten schmeckt es natürlich zu allen asiatischen Reisgerichten, zu Gegrilltem und Kurzgebratenem.

Quitten-Holunder-Sauce

Abseits von Straßen kann Holunder — auch Holler genannt — im August und September problemlos gesammelt werden. Der anspruchslose, teils bis zu 15 Meter hoch wachsende Strauch gedeiht fast überall, an Wegen und lichten Waldrändern genauso wie an halbschattigen Plätzen.

Für 6 Gläser à 250 Milliliter
2 Quitten
200 g frische Holunderbeeren
1 unbehandelte Orange
1 l Quittensaft
500 ml Holundersaft
100 ml Rotwein
200 g brauner Zucker
1 Beutel Gelfix für Saucen
1/2 TL gemahlene Nelken
Haltbarkeit: ca. 3 Monate

1 Die Quitten waschen und den Flaum gut abreiben, Stängel und Blüte entfernen. Die Früchte vierteln und die Viertel in Stückchen schneiden. Die Holunderbeeren verlesen, sanft abbrausen, auf einem Küchentuch abtropfen lassen und dann von den Rispen zupfen. Die Orange waschen, abtrocknen, die Schale abreiben und den Saft auspressen.

2 In einem ausreichend großen Topf die Beeren mit Quitten, Orangenschale und -saft, den anderen Säften, Rotwein, Zucker, Gelierzucker und Nelken vermischen und aufkochen. Unter ständigem Rühren etwa 15 Minuten kochen, bis die Beeren zerplatzt sind und die Sauce dicklich wird.

3 Den Schaum abschöpfen und die Sauce noch heiß in die vorbereiteten Gläser füllen. Verschließen und umgedreht auf ein feuchtes Tuch stellen. Auskühlen lassen.

Holunderbeeren wurden früher als Färbemittel für Leder, Wolle und Rotwein verwendet. Heute wird der Holunder als natürlicher Farbstoff von der Lebensmittelindustrie neu entdeckt. In Süßigkeiten und Milchprodukten ist er zu finden — und auch die Textilindustrie zeigt wieder Interesse an dieser Möglichkeit, Stoffen auf natürliche Weise Farbe zu verleihen.

Cumberlandsauce

Diese pikante englische Spezialität brachte uns mein Vater von seinen Reisen mit und erzählte, dass sie in England zu Schinken, Pasteten, Lamm- und Rindfleisch und vor allem zu Gänseleberpastete serviert wird. Da wir uns Letztere nicht leisten konnten und die echte Cumberlandsauce bald verbraucht war, aßen wir Kinder stattdessen Leberwurst mit Johannisbeergelee. Nicht ganz das Original, aber in unserer Phantasie wahnsinnig vornehm und englisch.

Für 2 Gläser à 250 Milliliter
1 mittelgroße Zwiebel
2 Knoblauchzehen
1 Stück frischer Ingwer (ca. 4 cm)
2 unbehandelte Orangen
1 Zitrone
1/2 EL weiße Pfefferkörner
250 ml Rotwein
100 ml Rotweinessig
1 TL Salz
2 EL mittelscharfer Senf
300 g Johannisbeergelee
Haltbarkeit: ca. 3 Monate

1   Zwiebel, Knoblauch und Ingwer schälen und sehr fein würfeln.

2   Die Orangen waschen, abtrocknen und die Schale ohne weiße Unterhaut mit einem sehr scharfen Messer dünn schälen (oder mit einem Zestenreißer abziehen). Die Schale in Streifen schneiden und 5 Minuten in wenig Wasser kurz blanchieren, abschrecken und sehr fein hacken.

3   Orangen und Zitrone auspressen. Die Pfefferkörner im Mörser zerstoßen. Den Saft mit der Orangenschale, Rotwein, Essig, Salz, Pfeffer- und Senfkörnern sowie Senf, Zwiebeln, Knoblauch und Ingwer etwa 10 Minuten kochen.

4   Johannisbeergelee zu der Orangen-Wein-Mischung geben, gut vermischen, aufkochen und bei schwacher Hitze mindestens 30 Minuten einkochen, dabei aber ständig rühren, damit nichts anbrennt.

5   Die Sauce abschmecken, noch heiß in die vorbereiteten Gläser füllen und umgekehrt auf ein feuchtes Küchentuch stellen, abkühlen lassen. Dunkel und kühl aufbewahren.

Preiselbeersauce

Nehmen Sie statt Johannisbeergelee auch einmal Preiselbeergelee — dann wird die Sauce etwas herber und säuerlicher. Etwas anders, aber auch sehr gut schmeckt die Sauce, wenn Portwein den Rotwein ersetzt.

Cranberrysauce

Cranberrys — Verwandte von Preisel- und Heidelbeeren — gewinnen an Bedeutung. Tiefgefroren sind sie oft leichter zu kaufen als frisch, aber das ändert sich seit einiger Zeit. Roh schmecken diese herb-sauren Beeren nicht besonders gut.

Zutaten für ca. 2 Gläser
à 250 Milliliter
300 g frische oder tiefgefrorene
Cranberrys (alternativ Preisel-
oder Heidelbeeren)
2 unbehandelte Limonen
1 TL gemahlene Nelken
150 g Zucker
1 TL Salz
Haltbarkeit: ca. 3 Monate

1 Die frischen Cranberrys verlesen, sanft abbrausen und auf einem Küchentuch abtropfen lassen, die tiefgefrorenen auftauen.

2 Die Limonen waschen, abtrocknen, die Schale dünn abschneiden oder mit einem Zestenreißer abziehen und den Saft auspressen.

3 Cranberrys mit etwa $1/8$ Liter Wasser, der Limonenschale und dem Limonensaft, den Nelken, dem Zucker und dem Salz in einem Topf zum Kochen bringen. Unter ständigem Rühren, damit nichts anbrennt, etwa 10 Minuten dicklich einkochen, bis die Beeren geplatzt sind. Sofort heiß in die vorbereiteten Gläser füllen, verschließen und umgedreht auf ein feuchtes Küchentuch stellen. Abkühlen lassen. Kühl und dunkel aufbewahren.

Mit Gewürzen wie geriebener Muskatnuss, Ingwerpulver oder frischem Ingwer, mit Cayennepfeffer oder Sternanis können Sie diese Sauce nach Belieben geschmacklich verändern. Verwenden Sie statt des Zuckers auch mal Honig oder Ahornsirup und ersetzen Sie die Limonen durch Orangen. Die Sauce wird immer sehr gut schmecken.

Rezeptregister nach Kapiteln

Alphabetisches Rezeptregister

Rezeptregister nach Fruchtsorte

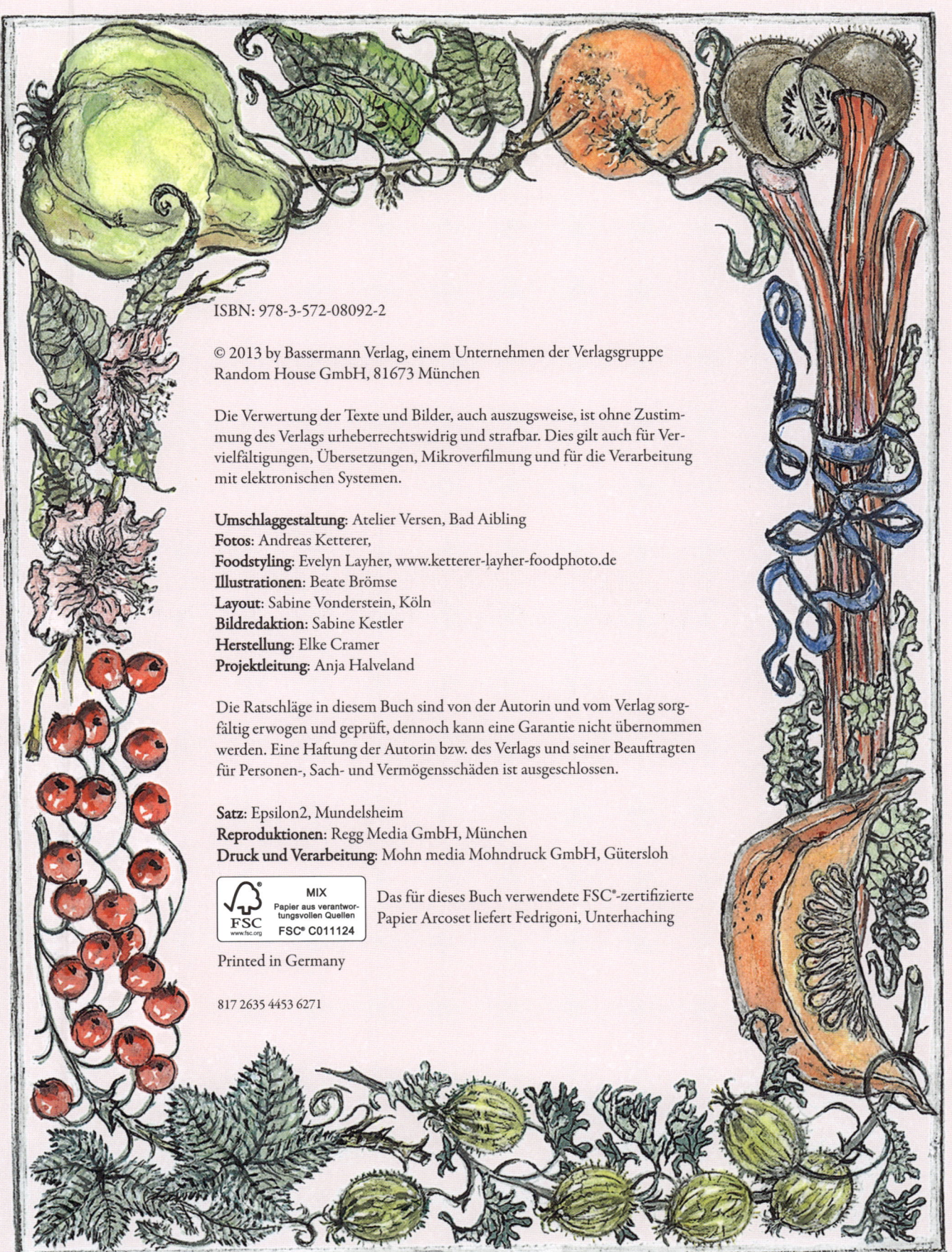

ISBN: 978-3-572-08092-2

© 2013 by Bassermann Verlag, einem Unternehmen der Verlagsgruppe
Random House GmbH, 81673 München

Umschlaggestaltung: Atelier Versen, Bad Aibling
Fotos: Andreas Ketterer,
Foodstyling: Evelyn Layher, www.ketterer-layher-foodphoto.de
Illustrationen: Beate Brömse
Layout: Sabine Vonderstein, Köln
Bildredaktion: Sabine Kestler
Herstellung: Elke Cramer
Projektleitung: Anja Halveland

Satz: Epsilon2, Mundelsheim
Reproduktionen: Regg Media GmbH, München
Druck und Verarbeitung: Mohn media Mohndruck GmbH, Gütersloh

FSC
MIX
Papier aus verantwor-
tungsvollen Quellen
FSC® C011124
www.fsc.org

Das für dieses Buch verwendete FSC®-zertifizierte
Papier Arcoset liefert Fedrigoni, Unterhaching

Printed in Germany

817 2635 4453 6271